U0494586

CLAUDE MONET

后浪出版公司

莫奈

[英] 约翰·豪斯 著

赵婧 译

湖南美术出版社
全国百佳图书出版单位

图书在版编目（CIP）数据

莫奈 /（英）约翰·豪斯著；赵婧译. -- 长沙：
湖南美术出版社，2020.4
（彩色艺术经典图书馆）
ISBN 978-7-5356-9052-4

Ⅰ. ①莫… Ⅱ. ①约… ②赵… Ⅲ. ①莫奈 (Monet,
Claude 1840–1926) – 生平事迹 ②莫奈 (Monet,
Claude 1840–1926) – 油画 – 绘画评论 Ⅳ. ① K835.655.72
② J213.055.65

中国版本图书馆 CIP 数据核字 (2020) 第 019926 号

MONET © 1998 Phaidon Press Limited
This edition published by Ginkgo (Beijing) Book Co., Ltd under licence from Phaidon Press Limited, Regent's Wharf, All Saints Street, London, N1 9PA, UK, © 2020 Ginkgo (Beijing) Book Co., Ltd. All rights reserved. No part of this publication may be reproduced, stored in a retrieval system or transmitted, in any form or by any means, electronic, mechanical, photocopying, recording or otherwise, without the prior permission of Phaidon Press.

本书中文简体版权归属于银杏树下（北京）图书有限责任公司。
著作权合同登记号：图字18-2017-098

彩色艺术经典图书馆
CAISE YISHU JINGDIAN TUSHUGUAN

莫 奈
MONAI

出 版 人：	黄 啸
著 者：	［英］约翰·豪斯
译 者：	赵 婧
出版策划：	后浪出版公司
出版统筹：	吴兴元
编辑统筹：	蒋天飞
特约编辑：	王小平
责任编辑：	贺澧沙
营销推广：	ONEBOOK
装帧制造：	墨白空间·张 萌
出版发行：	湖南美术出版社（长沙市东二环一段 622 号） 后浪出版公司
印 刷：	北京盛通印刷股份有限公司 （亦庄经济技术开发区科创五街经海三路 18 号）
开 本：	635×965 1/8
字 数：	170 千字
印 张：	16
版 次：	2020 年 4 月第 1 版
印 次：	2020 年 4 月第 1 次印刷
书 号：	ISBN 978-7-5356-9052-4
定 价：	68.00 元

读者服务：reader@hinabook.com 188-1142-1266
投稿服务：onebook@hinabook.com 133-6631-2326
直销服务：buy@hinabook.com 133-6657-3072
网上订购：https://hinabook.tmall.com/（天猫官方直营店）

后浪出版咨询(北京)有限责任公司 常年法律顾问：北京大成律师事务所 周天晖 copyright@hinabook.com
未经许可，不得以任何方式复制或抄袭本书部分或全部内容
版权所有，侵权必究

本书若有印装质量问题，请与本公司图书销售中心联系调换。电话：010-64010019

莫奈生平与艺术

当印象派的画作在19世纪70年代第一次出现在公众视野时，它们营造了一种全新的呈现方式——小画幅、不规范的构图，随意且自然的笔触以及用明亮色彩绘制的日常景象。在那时，印象派的视角是令人费解的，它似乎站在了艺术的对立面。但到了世纪之交，这种绘画方式已然席卷了整个西方，当初在巴黎的运动中的几位中流砥柱已经变得富有且声名远播了。时至今日，印象派视角塑造了人们对于风景画的概念，甚至左右了人们的世界观，而印象派视角，就是以一种"自然"的方式去看待和表现周围的事物，对于这一点，我们深信不疑。

克劳德·莫奈（Claude Monet）是这种新的绘画理念的缔造者，在这一点上，没有任何画家能与其比肩。他绘制的阿让特伊（Argenteuil）的帆船图景（彩色图版18、20）可以与大众理念下的印象派划等号，但这类画作不过是莫奈作品诸多侧面中的一面。在长达60余年的职业生涯中，为了追求他的基本目标，莫奈孜孜不倦地创作并创新。在生命将尽的1926年，莫奈概括出了自己的艺术目标，而用这个目标来形容他19世纪60年代后的任何创作时段都恰如其分："我一向对理论保有敬畏之心，我唯一的长处就是面对自然直接作画，同时试图捕捉那些稍纵即逝的光影掠过我脑海时留下的印象。"追寻着这份艺术使命，莫奈进行了一系列的实验，并在实验中尝试了更多的光影效果。在这份艺术使命的鞭策下，莫奈在所有风景画家都需面对的根本问题上投入了大量的精力：想方设法地通过对立体的感知去适应平面画布限制，让图像成为一个有机整体，也就是使油彩、笔触与画家对事物、距离以及空气的感知相协调。莫奈之所以是一位伟大的风景画家，是因为他的画作浑然一体，在画布表面各个元素的协调下，画面呈现出了自然的形态和力量。

克劳德·莫奈1840年生于巴黎，但在五年之后，他的爸爸就前往勒阿弗尔（Le Havre）做了一名杂货批发商，他的家庭也就搬到了那里，因此莫奈的童年是在勒阿弗尔度过的。勒阿弗尔地处塞纳河入海口，这也激发了莫奈毕生的艺术兴趣：他总是住在塞纳河畔，他最喜爱的主题也是塞纳河谷。在旅途中，莫奈也总是探索并描绘海岸景象，特别是在诺曼底的时候。然而一开始，莫奈并未从自然环境写生着手，他的艺术生涯始于画讽刺漫画。少年时，为了赚取零花钱，他曾为勒阿弗尔的人们绘制别出心裁的漫画。至于开始绘制自然风景这件事，莫奈总是将此归功于与尤金·布丹（Eugene Boudin，1824—1898年）的相识。那时，布丹是一名生活在勒阿弗尔的不知名的艺术家。大约在1857年的一天，布丹携莫奈前往乡下写生，莫奈事后指出："那一次就像是蒙在双眼上的面纱被揭掉了一样，我才知道油画是可以这样画的。"

此后，风景画就成为莫奈的首要焦点。1859年，凭借着画漫画得来的酬劳，莫奈得以前往巴黎。在那里，他面见了布丹从前的老师——风景画家兼动物画家康斯坦·特罗荣（Constant Troyon，1810—1865年），也首次接触到了巴黎的现实主义画家和作家们。他还见到了现实主义画派的领袖——居斯塔夫·库尔贝（Gustave Courbet，1819—1877年），但未能与之相识。1861年初，莫奈在服兵役时抽中了下签，加入了去往阿尔及利亚的非洲轻骑兵团（Chasseurs d'Afrique），莫奈后来指出：在那里，他收获了对"光和色"的感知，"为他日后的艺术探索埋下了种子"。

但仅在一年之后，莫奈就因病回到了法国，他的爸爸同意将他从余下的兵役中赎买出来，允许他在巴黎名师的教导下开始正式的绘画训练，并为他支付费用。1862年的秋天，莫奈加入新古典主义画家夏尔·格莱尔（Charles Gleyre，1806—1874年）的工作室学习，在那里，他一如既往地以散漫的风格作画，就这样到了1864年的春天。

在这一时期，莫奈最重要的际遇都发生在课外，而正是这些际遇，在他作为独立画家的初期，指引着他绘画的发展。1862年的夏天，莫奈在勒阿弗尔附近面见了荷兰风景画家乔翰·巴托尔德·容金德（Johan Barthold Jongkind，1819—1891年），莫奈说："自那以后，他就是我真正的导师了，因为有了他，我的眼光才得到了终极的训练。"1864年，莫奈与容金德同往海岸写生，莫奈创作的第一批海景画就是以容金德的作品为范本的；莫奈在1865年展出的两幅海景画（彩色图版1和图2），尽管尺寸比容金德同一时期的作品要大得多，但实际的风格却是在向荷兰画家致敬：流畅且精妙的手法，既展现了自然的细部和光线的倾泻，但又避免了干巴巴的、细入毫芒的画面。

这些作品都在巴黎沙龙中展出——巴黎沙龙相当于法国版的皇家艺术学院（Royal Academy）或者其他传统艺术的主要论坛——并得到了评论家的一致好评，它们的成功也激励莫奈着手开启一个更野心勃勃的项目，但这次，他则是从另外一处寻得了灵感。他决定在一卷长达20英尺（1英尺=0.3048米）的油布上绘制一幅野餐图景，这幅画无论是其规格，还是其出类拔萃的现代性，都远胜于爱德华·马奈（Edouard Manet，1832—1883年）的《草地上的午餐》（Le Déjeuner sur l'Herbe），后者1863年曾在被官方沙龙拒之门外的艺术家组织成立的落选者沙龙（Salon des Refusés）中引起轰动。自这次"丑闻中的胜利"（succès de scandale）以后，马奈和他的作品一举成为年轻艺术家反抗沙龙教条——偏好细枝末节的技巧和取材自历史和神话的人物主角——的旗帜。对于莫奈自己来说，他的《午餐》（Déjeuner）总是不如己意，因而从未完成，只有部分存世（彩色图版2和图3），画中粗疏简扼的笔触与马奈如出一辙，但其随意的构图以及明光烁亮的效果则与古代大师的构图以及马奈画面中的工作室光源效果截然不同。自相矛盾的是，在放弃了这幅巨制后，莫奈很快又在1866年为沙龙绘制了一幅真人大小的人像，画中画了他的情人卡米耶（Camille，彩色图版3）。这幅画是莫奈的主要作品中最接近马奈的，正因如此，马奈才挖苦说莫奈不仅模仿了他的风格，连签名都照搬了。尽管如此，在1866年，莫奈和马奈二人似乎见面了，并在后来成为挚友。也是在这一时期，莫奈结识了库尔贝。在绘画技法上，库尔贝和莫奈看法相左，前者通常在暗色调的底层色上作画，并用厚涂法堆砌出亮部，而后者则愈发地偏爱在亮色调的底子上作画，借此呈现出画家所追求的熠熠的光照效果，但这并不妨碍库尔贝成为莫奈坚定的支持者。

在格莱尔的工作室中，莫奈结识了三名志趣相投的朋友，其一是与莫奈一拍即合的弗雷德里克·巴齐耶（Frédéric Bazille，1841—1870年），其余二位分别是皮埃尔-奥古斯特·雷诺阿（Pierre-Auguste Renoir,

图1

20 岁的莫奈的照片

埃蒂安·卡加摄；
摄于 1860 年

1841—1919 年）和阿尔弗雷德·西斯莱（Alfred Sisley，1839—1899 年）。1860 年前后，莫奈初次遇见卡米耶·毕沙罗（Camille Pissarro，1830—1903 年）。巴齐耶死于 1870 年至 1871 年的普法战争，战后，莫奈和他的这些朋友们成为了印象派的核心。在 19 世纪 60 年代，他们之间还说不上是脉脉相通，但他们时不时地进行合作，并有着一系列的共同爱好，他们主要偏爱描绘风景和现代都市生活的室外场景，他们希望画作能够呈现现代人眼中的世界。夏尔·波德莱尔（Charles Baudelaire）撰写了一篇关于图像艺术家康斯坦汀·盖伊斯（Constantin Guys）的文章——《现代生活的画家》（The Painter of Modern Life，发表于 1863 年），鼓励艺术家应钻研身边的流行景象，但同时又与之保持一定距离。在波德莱尔眼中，只有这样的呈现才能算是表达了"现代生活中的英雄主义"（heroism of modern life），这篇文章极大地影响了印象派画家对于现代性的认识。

为了捕捉转瞬即逝的景象，印象派画家选择在室外直面对象创作，这种方式并非首创，18世纪中叶的法国风景画家就已经频繁地用油彩来描绘眼前的自然效果了，只不过莫奈和他的朋友逐渐地认同一点：应在完成的作品中保留一丝率直。在19世纪60年代的大多数作品中，印象派画家保留了室外习作与在画室内绘制的、为巴黎沙龙准备的更大型更高完成度的画作之间的传统区分。但在《草地上的午餐》功亏一篑后，莫奈开始了一次勇敢的尝试：为巴黎沙龙绘制一幅巨幅室外油画——《花园中的女人》(Women in the Garden，图4)，但却在1967年被巴黎沙龙的评委会拒之门外。为了绘制这个高达8英尺的画作的上部，莫奈不得不将作品沉降在一个专门为它挖掘的沟槽中。作品完成后，莫奈还是意识到了：不能用在室外创作的写生方法去完成如此巨幅的作品。因此，此后为数不多的巨制油画都是在工作室内完成的。

同年，莫奈绘制了许多画幅较小的室外主题，它们大多都是在户外当场完成的（彩色图版4、5、10），但不排除一些作品的收尾工作是他在画室中悠然自得地完成的。在描绘巴黎和诺曼底海岸的画面中，莫奈记录了漫步着的、时髦的人们，还描绘了渔夫及其停靠在岸边的渔船。部分作品中的高视点和结构松散的构图（例如彩色图版4）说明莫奈对当时涉及现代场景的其他图像有所了解，现代场景的灵感来源是版画和插图杂志，而画家人物画中的人群（如图4）则取材于时尚图样。画作的非常规构图赋予了画中对象一种波德莱尔式的超然。在《圣阿德雷斯的露台》(Terrace at Sainte-Adresse，彩色图版5)中，旗杆构建了一个网格式的构图，莫奈本人也承认，该画是受日本彩色浮世绘影响的一个早期代表。摄影作为新晋的艺术门类，也被认为改变了以上的这些图像。但在概念上，当时的都市摄影作品很大程度类

图2

翁弗勒尔的塞纳河口

布面油画；
90cm×150cm；
诺顿·西蒙基金会，洛杉矶

图3

草地上的午餐
（中心局部）

1865—1867年绘；
布面油画；
248cm×217cm；
奥赛博物馆，巴黎

似于同时期的版画和插画。而对于有着清晰画面和明亮色彩的莫奈画作而言，它们与小幅、单色的相片中的特定摄影要素是没有多少关联的。

19世纪60年代，莫奈开始以另一种方式用色：如从《退潮的哈弗港》（*The Pointe de la Hève at Low Tide*，彩色图版1）中的柔和的配色转变为更明亮的、对比更强烈的色彩。欧仁·德拉克洛瓦（Eugène Delacroix，1799—1863年）死后的影响是巨大的，特别是对印象派在用色上的启迪。德拉克洛瓦的画和他死后出版的语录启迪了印象派画家，教会了后者在并置的区域中填充对比色，进而点亮、活跃整个画面。莫奈先是在有阳光的画面中实践了这一想法，《圣阿德雷斯的露台》就是早期的一例，花丛中点缀着反差强烈的红色和绿色，开阔的阴影区是浅蓝色的，与浅奶油色调的高光形成鲜明对比。

然而，在19世纪60年代中，莫奈最大胆的作品却是那些没那么精致的画作，其中最著名的是一些描画暴风雨的海景画，比如《埃特勒塔的惊涛骇浪》（*Stormy Sea at Etretat*，图5），画中行云流水般地用笔突出了景色的层次感，也令人们联想到了1869年夏天在蛙塘（La Grenouillère）的习作（彩色图版9和图20）。这些习作本是为一件准备参展1870年巴黎沙龙的大幅作品（现佚失）而做的准备工作，但事后看来，它们却有着超出莫奈预期的重大意义，无论是画中草率绘就的人物，还是水中的倒影，都预言了接下来十年中莫奈作品的诸多特征。作品的精细程度与1870年被沙龙拒之门外的大型人物画——《午餐》（*Luncheon*，彩色图版7）相距甚远，后者同样也有着粗疏简扼的笔触以及明显不对称的、被截断的构图，但比起在蛙塘的那些习作，后者要工

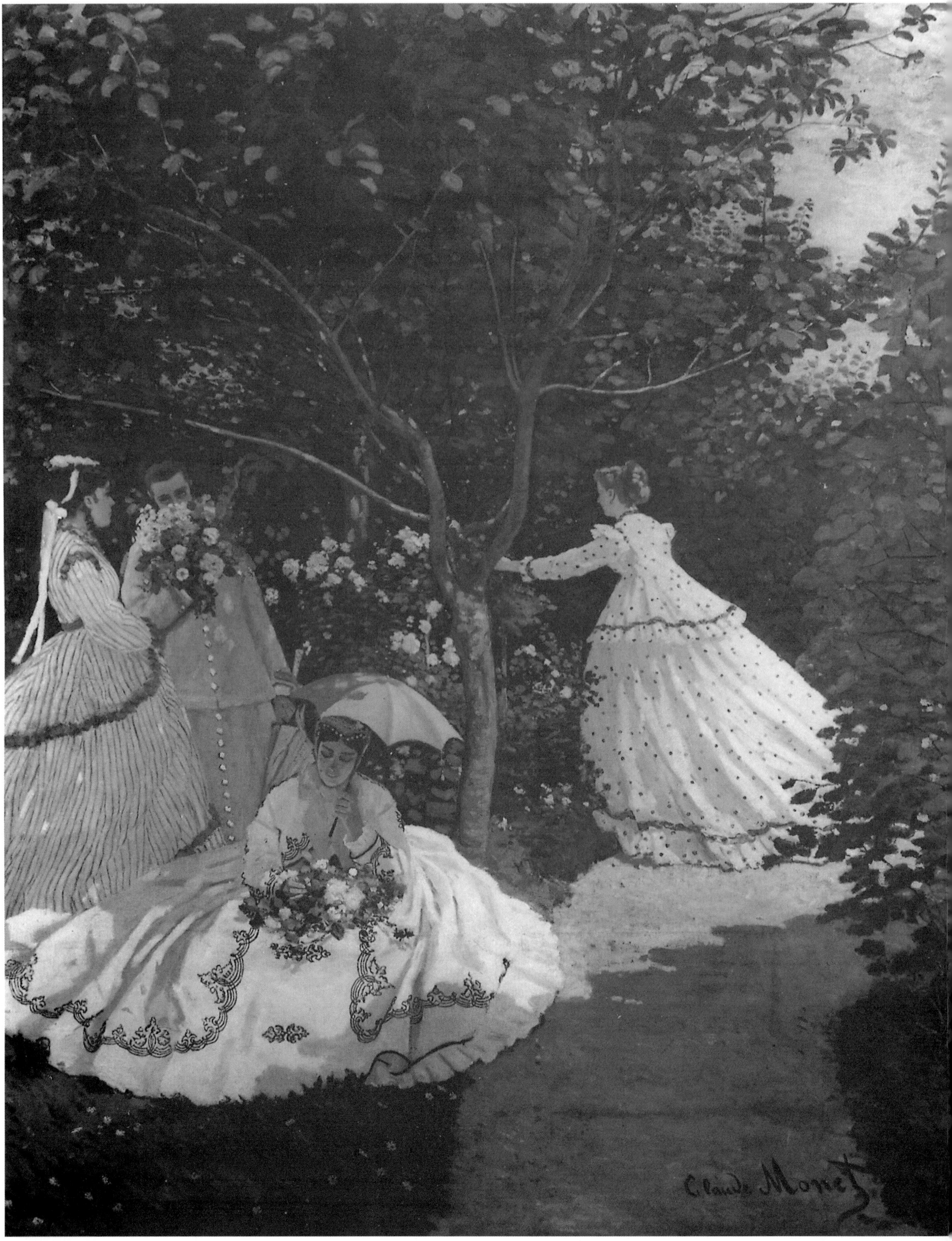
Claude Monet

整细致得多，整个画面有着清晰的视觉焦点，而不是围绕着一片无焦点的、以条带状的笔触绘就的倒影展开的。

19世纪60年代晚期，莫奈在巴黎周边的多个地点创作，有塞纳河谷，也有诺曼底海岸。造访巴黎时，莫奈喜欢在盖尔波瓦咖啡馆（Café Guerbois）与作家和画家展开艺术辩论，但他发现独自创作会更轻松，就像他1868年在海边写给巴齐耶的信中所言："在巴黎，不管是多有主见的人也只能顾得上看和听了，我在这里创作至少有一个优点，那就是与众不同，因为我的画作只会表现我的个人感受。"1870年7月，普法战争爆发时，莫奈与卡米耶正在特鲁维尔（Trouville）度蜜月，他们的儿子让（Jean Monet）也与他们在一起。为了躲避征兵，莫奈逃到了伦敦，之后又到了荷兰。据说，在此间，莫奈受到了特纳（Joseph Mallord William Turner，1775—1851年）和康斯太勃尔（John Constable，1776—1837年）的启发，但莫奈的作品中却没有二人的痕迹。在1870年至1871年期间，莫奈不可能见过康斯太勃尔最草率的油画习作，这阶段的作品也没有反映出特纳式的、浓郁的色彩。若非要找出某些联系的话，《国会大厦和泰晤士河》（*Thames and the Houses of Parliament*，彩色图版11）的云雾迷蒙感和简单平涂的背景倒是接近惠斯勒（James Abbott McNeill Whistler，1834—1903年）同时期的作品（见图22），但没有确切证据表明那时的莫奈与惠斯勒已经相识。在泰晤士河和荷兰的河上（彩色图版13），莫奈终于可以尽情描绘他所热衷的在不同风向和光线下的倒影了。

1871年，莫奈回到法国并定居阿让特伊，阿让特伊是一个塞纳河畔的小镇，离巴黎较近，它以划船和帆船比赛闻名。莫奈在此一直住到了1878年初，许多莫奈的朋友都曾造访阿让特伊与他一起写生，其中包括西斯莱、雷诺阿和马奈。在阿让特伊以及周边创作的这一系列作品后来成为印象派精华中的精华。同样是在这里，莫奈买下了他的小船画室。乘着船，莫奈得以在河流上溯洄创作（见图6）。此间的画作从各种天气、各种视角，呈现了流经阿让特伊的塞纳河段，还呈现了周边乡间的许多地方。画中有时是田园风光，河流上漂着小船；有时，画中又伴有工厂烟囱。这些工厂在那时的确正在侵蚀着阿让特伊（见彩色图版14、16、17、18、20）。一直到19世纪70年代末期，莫奈在画中都时不时地加入巴黎及其周边地区中特别现代化、工业化的一面，他的这项兴趣集中体现在1877年创作的关于圣拉扎尔火车站（Gare Saint-Lazare）及其周边的组画中（见彩色图版22和图29）。

在19世纪70年代中，莫奈没有向官方沙龙提交任何作品。1872年至1873年间，他有一个现成的销路，就是将作品卖给他在伦敦认识的画商保罗·迪朗-吕埃尔（Paul Durand-Ruel）。1874年以降，莫奈及其朋友们组织了一系列群展，展览非但没有为他们赢得预想中的声望，反而在媒体上激起了大规模的口诛笔伐。迪朗-吕埃尔在19世纪70年代末期的财政困难，加上印象派展览的商业失败，令莫奈时常捉襟见肘，不得不求助于几个好友和藏家。

借助群展的形式，莫奈试图表现他作品的多样性。他通常会展出一幅或更多的大型作品［例如《午餐》，彩色图版7，画作在1870年被沙龙否决，1874年被莫奈拿出来首次展出；《日本印象》（*La Japonaise*）

图4
花园中的女人

1866—1867年绘；
布面油画；
255cm×205cm；
奥赛博物馆，巴黎

图5
埃特勒塔的惊涛骇浪

1868—1869年绘；
布面油画；
66cm×131cm；
奥赛博物馆，巴黎

图28，于1876年展出]，不然就拿出一部分小型作品——主要是户外场景。这些小画幅的画作宽度通常都不超过30英寸（1英寸=2.54厘米），它们占莫奈19世纪70年代创作中的大多数，其中多数又是在室外写生绘就的。对于沙龙来说，这类作品显得不够隆重。借着群展，印象派画家将这些作品收纳其中并在实际上营造出了一种新的画展形态，它向人们无声地宣称：在呈现画家脑海中的图景时，新的画展形态比起传统多了些许随心所欲，少了几分精雕细琢，同时也证明了室外习作是可以在展览上展出的。然而，即使这些小型作品的完成度和画法都是各自迥然不同的，例如在第一届展览上，莫奈展出了一幅一丝不苟的作品，作品画的是卡布辛大道的景象（*The Boulevard des Capucines*，图7），他还展出了一幅简约疏淡的作品，也就是"臭名昭著"的《日出·印象》（*Impression, Surise*，彩色图版15），评论家路易·勒罗伊（Louis Leroy）借着这个标题，讽刺参展的画家为"印象派"。

莫奈曾在后来指出，他之所以把该画命名为"印象"，是因为它并不能被定义为一个地点的景象。而在这之前的十年间，"印象"一直在官方的艺术评论中被使用，被用于形容几笔带过的空气效果。在后来的几次展览中，莫奈多次将逸笔草草的作品（通常带有"印象"或"素描"的副标题）与一些绘制相同主题但精致有加的版本并置（见彩色图版22、24）。从某种角度来说，这种并置揭示了莫奈在绘画创作理念上的一个基本矛盾：在户外写生时，一方面莫奈能够通过快速的、随心所欲的匆匆几笔就呈现稍纵即逝的效果，他颇以此为傲；另一方面，随着年龄的增长，他愈发重视通过反复润饰来赋予画作的特质。

19世纪70年代，莫奈的用色愈发明亮，他更少地依赖通过明暗对比来呈现光和影。在阳光普照的画面中（彩色图版17、18、20、21），他开始用蓝色去表现草地和树木的阴影。为了表现阳光倾泻的效果，莫奈开始用色阶变化去画绿色植被——从蓝色到各种色调的绿色，再到浅黄绿色，最后是高光处的黄色。这种对颜色的细分和调适本是用于表现形态和空间的，但正由于这种方法的使用，使得印象派规避了传统上的

图 6
船屋画室

约 1876 年；
布面油画；
72cm×60cm；
宾夕法尼亚梅里恩巴恩斯美术馆，费城

明暗对照法（由暗到亮的过渡）。可是，莫奈并没有在所有作品中立即使用该新方法，在 1873 年绘制的一幅阳光下的秋景中（彩色图版 16），他将整个画面简化为由相近色组成的色块网络以及由明亮的浅色构成的对比，但在描绘阴天的画面中，他则保留了更多的明暗对比（彩色图版 22）。不过莫奈还是逐渐将浅色渐变的方法应用到了所有的画面中，甚至去表现那些较为暗淡的画面。

同时，为了表现绘画主题，莫奈的笔法也发生了改变。在 1872 年创作的《阿让特伊河畔小径》(The Riverside Walk at Argenteuil，彩色图版 14) 中，莫奈在描绘不同景物时运用了不一样的笔法，但他还是有意保留了大量平滑的表面，以及少许层次变化。然而，在 19 世纪 70 年代末，莫奈开始运用点状笔触，使作品的整个画面变得斑驳陆离，还赋予了画面一丝生动的气韵，但又不会脱离实际的物体形态。为了揭示这个变化，我们用两幅人像作品做对比，一幅约创作于 1868 年至 1869 年（彩色图版 8），另一幅创作于 1875 年（彩色图版 21）。在《戴红色斗篷的女子》(The Red Cape) 中，仍旧可见马奈式的画法——宽阔且简单的平涂区域中点缀着个别的、挥洒自如的点和擦；但在《撑阳伞的女人》中，草地、人物和天空都成为一段更加连绵不断的破碎旋律中的一节，明亮、多变的颜色也加强了这一效果。对于 19 世纪 70 年代的公众来说，类似于《撑阳伞的女人》一画中的画法和用色过于前卫了，完全超出了他们的理解。

1878年，莫奈的生活出现了一个重大转折，他离开巴黎搬去了维特尼（Vétheuil）——一个在塞纳河下游与世隔绝的小村子，一方面因为维特尼的生活成本低，另一方面也因为接连的群展在商业上的失败使得莫奈不再对任何集体活动抱有希望。同行的有他的妻子（已罹病）和孩子们，还有他此前的赞助人——破产金融家欧内斯特·奥西德（Ernest Hoschedé）——的妻子和孩子们。莫奈的妻子在1879年去世，欧内斯特也愈发疏远家人，于是莫奈开始与爱丽丝·奥西德（Alice Hoschedé）长期同居。1892年，也就是欧内斯特逝世后，二人正式结婚。1880年，莫奈与印象派画家群体断绝往来，其标志就是莫奈缺席当年的群展，相反，他给巴黎沙龙送去了两幅作品，这两幅在画室内完成的作品要比小幅的室外习作大得多。其中相对传统的那幅描绘了一个夏日景象（彩色图版26），它被沙龙接受了，但却被挂得很难看；另一幅描绘冰川的夸张油画作品（彩色图版25）则被沙龙否决了。此后，莫奈再没有给沙龙送画参展，只在画商组织的个人展上展出作品。到了1881年，莫奈的财政状况相对稳定了下来，因为迪朗－吕埃尔又开始频繁购画了。但直到19世纪80年代末美国藏家敞开胸怀地接纳了莫奈，莫奈才迎来了真正的商业成功。

在维特尼时，莫奈的创作主题仅限于村镇、在塞纳河对岸的小村庄拉维格（Lavacourt），以及塞纳河的两岸。他多次在不同情境下绘制相同的主题（彩色图版23、24），以展现这个地区在不同季节和天气中的不同面貌——有春天、夏天，有晨雾中的阳光（彩色图版24），也有1879年至1880年冬日里格外寒冷的冰雪天（彩色图版25）。莫奈在信中写道，妻子去世后，正是这些孤寂的冬日景观帮他重燃了对绘画的信心。在描绘这些如梦如幻的大自然时，他战胜了悲恸。莫奈笔下的维特尼地区大都是简单、横向、隔江相望的，其差异则体现在树叶、天气和光线的无尽变换中。同一时期内，莫奈还绘制了他毕生中最重要的一组静物作品——花束和瓜果（彩色图版27和图33）。静物散落画布四处，其漫不经心、不拘一格的特质深受凡·高（Vincent Van Gogh）的影响。1883年，莫奈移居吉维尼（Giverny）——一个更靠近塞纳河谷下游的小镇，并在那里度过了余生。在吉维尼，莫奈的绘画对象与在维特尼时并无二致，实际上，他常故意避开那些如诗如画的景致，反而选择普通的草场、果园、连绵起伏的山丘和岸边的树木，再用巧妙的色彩变化和微妙的笔触来点亮这些看似简单的对象（彩色图版31）。

然而，19世纪80年代的多数作品却是莫奈在连续的旅行途中完成的。他先是去了诺曼底海边的度假胜地，例如弗康（Fécamp）、埃特勒塔（Etretat）以及迪耶普（Dieppe，彩色图版28、29）周边，之后又到了地中海沿岸（彩色图版30、33、34）、布列塔尼（Brittany）的离岛美丽岛（Belle-Isle，彩色图版32），以及位于法国中央高原（Massif Central）的克勒茨（Creuse）的山谷（彩色图版36）。在这些旅行途中创作的作品里，莫奈聚焦于每一处引人注目的景观，例如迪耶普山顶上使人惊叹的景色，又如埃特勒塔的巨型石拱门（图8），还有里维埃拉（Riviera）的斑斓色彩和茂密植被，美丽岛上拍击着花岗岩石的海浪。莫奈重拾了在1879年至1880年绘制《冰川》时被搁置的难题，继续探索着有对立元素的题材与极端的天气和光线。他有意识地扩大创作的范

围，以求证明：对于一个意志坚定的户外写生画家来说，没有什么自然现象是过于短暂或者过于猛烈而不能被捕捉的。根据我们已知的描述得知：在这一时期内，莫奈的工作方法表明了他曾多次有意追逐最恶劣的天气。一次，在绘制埃特勒塔的大岩门（图8）时，因为读错了潮汐时间表，在错误的时间在沙滩上画了一会儿画，莫奈被巨浪卷走；在美丽岛的狂风中，莫奈不得不把画架绑在岩石上（见图36）；冰天雪地中，他的胡子都冻成了冰柱，他把自己绑在冰上，用一壶热水来保持双手的温度，使双手能够作画。

莫奈有意在不同地点的创作中呈现出不同的主导情绪，这样就能在彼此间形成反差了。有时，莫奈的某一种情绪能够持续较长的时间。1889年在克勒茨创作时，莫奈本是要表现出一种荒凉的冬日效果，与前一年在昂蒂布（Antibes）呈现的明快、精美形成差异（彩色图版33和彩色图版34）。但由于阴雨连绵，绘画日程被耽误了，莫奈要画的那棵大橡树上已然含苞吐萼。莫奈宁愿雇佣一批工人把树上的花苞摘掉，直到自己完成创作，也不愿放弃计划中的冬日效果，由此可见莫奈的先入之见是多么的强烈。

为呈现选定的极端效果，莫奈必须找到能够替代眼前事物形态的绘画语言。对于室外风景画画家来说，构图意味着要选择一个视点，并决定如何用画布边缘来取景。在莫奈的海景画中，可以看出他对从山顶俯视的高视点的偏爱，画面一侧是巨大的岩石山体，另一侧是形成鲜明反差的开阔海面，有时又是一排连绵起伏的树木的轮廓（彩色图版28、

图7
卡布辛大道

1873年绘；
布面油画；
61cm×80cm；
普希金美术博物馆，
莫斯科

29、32、33）。这样一来，在某种程度上，莫奈的绘画形态就与绘制风景的日本版画十分相近了，而莫奈又热衷于收藏日本浮世绘木版画（见图9）。这些版画一定启发了莫奈，帮他找到了表现这样的景象特点的最恰当的构图模式。对于莫奈来说，日本艺术是自然主义的一种，启发他重新审视自己所处的环境，他不曾探索其中的哲学意义，这点不同于凡·高；也没有把日本艺术用作抵制风格化的、装饰阿拉伯式花纹的工具，这点又不同于高更（Paul Gauguin）和新艺术派画家。

与此同时，为了表现例如《瓦朗日维教堂》（Varengeville Church，彩色图版29）这样的夸张的夕阳景象，莫奈必须要找到一种能够表现最绚烂的自然色彩的绘画语言，于是画家就通过大幅提高色彩强度和加强互补色之间的反差——橙色调、红色调与蓝色调、绿色调的对比——来实现他的目的。在1884年和1888年前往地中海海岸的旅途中，莫奈也遭遇了如何在画中表现耀眼日光这一问题。在来自南方的信件中，他喋喋不休地提及为调出应景的配色时所遭遇的困难，以及表现大气中弥漫的蓝色和玫瑰色的不易。为了呈现这种效果，莫奈选择了一系列亮色，提高了暖色的亮度，还加强了蓝色与玫瑰粉之间的反差，为这批在南方绘制的作品设计了一套精心调制的配色（彩色图版30、33、34）。基于个人的绘画经验，莫奈发现了其中的真谛，并在多年后对他的朋友保罗·塞尚（Paul Cézanne，1839—1906年）吐露："我非常开心地发现，虽然阳光不能被复制，但却可以被其他东西所表现，这种东西就是色彩。"《瓦朗日维教堂》创作于莫奈前往南方之前，这说明这些色彩实验并非始于在地中海的创作。此后在他的北方的作品中，莫奈愈发地强调通过色彩之间的精心协调来表现天空的效果，这一做法在19世纪90年代创作的《干草垛》（Haystacks）组画和《鲁昂大教堂》（Rouen Cathedral）组画中体现得淋漓尽致（彩色图版37、38、39、41）。

为了适应新题材的需要——特别是《博尔迪盖拉》（Bordighera，彩色图版30）的棕榈树以及美丽岛海峡和大西洋上的风暴（图36），莫奈对笔法进行了调整。他以一种近似于毛笔笔法的方法运笔，用蜿蜒的、飞扬的带状笔触来表现眼前景象的动态。由于这样的笔触在画面上清晰可见，于是就创造出了一个雄健有力的图像。这样的画面加上莫奈在当时日趋和谐的配色，使得这一时期作品的装饰性效果比他在19世纪70年代也就是印象派辉煌时期的代表作要强烈得多。同时，这些作品还如实地表现出了画家眼前景色的本来形态、颜色和空间。

19世纪80年代，莫奈作品中日益显著的平面化特征与他的创作方法的变化息息相关。写生依旧是他创作的核心，是他每一幅作品的起点。此外，莫奈依旧珍视快速、直接描摹景象的能力。但莫奈开始觉得有必要回家后在安静的画室中再次检查每一幅作品，并怡然地对它们进行润饰。画商们发现，要等得更久才能拿到莫奈的最新作品了。根据莫奈的书信，我们得知：许多旅途中的作品在运回家后都处于糟糕的状态，需要大量再加工才能够出售，特别是在迪朗-吕埃尔一再力劝莫奈不要扔掉不够好的成作之后。后期加工似乎有以下几种方式：重新勾勒那些不够清晰的景物，提高画面色彩的饱和度，扩大不同元素之间的对比，最后再添几笔以联结不同的色彩关系，加之转折用笔以构成一个和谐的图案。莫奈还开始用彩色颜料签名，这样就能与画作的配色相协调了。通常，

最初的写生中必然会包含图像的所有要素，与莫奈在画室中的润饰工作并不矛盾，润饰工作只是加强了画面中的主题所揭示的要素关系。在《瓦朗日维教堂》（彩色图版29）中，左侧山丘上的红色笔触将观者的视线从夕阳向下牵引，一直穿越至前景的树丛中，这些笔触很可能就是莫奈在画室中返工加强的部分。在莫奈19世纪90年代的画作中，例如组画《干草垛》和《鲁昂大教堂》，它们丰富的配色远比主题本身繁复得多。

在19世纪80年代蛰伏期的后半段，莫奈最后一次尝试成为一名肖像画家。在接受了包括雷诺阿（此时的雷诺阿回归了绘制裸体和传统画法）在内的朋友们的建议后，他开始在吉维尼周边的田野中绘制人像（彩色图版35），或是去画当地溪流中泛舟的少女（图37），画中的模特都是莫奈或者爱丽丝·奥西德的孩子，因为爱丽丝威胁莫奈：若要聘用职业模特，她就弃莫奈而去。然而，莫奈似乎没能像处理风景画一样去画人物，在1890年之后，人像就彻底从莫奈的创作中消失了。

1890年，莫奈的创作模式突变。他停止四处旅行，并开始专注创作组画，都是单一的主题——散落在吉维尼家附近田地里的几个干草垛（彩色图版37、38、39；图10和38）。次年春天，他一共展出了15幅《干草垛》，之后又展出了其他统一主题的组画——于1891年至1892年绘制的《白杨》（*Poplars*，彩色图版40），于1892年至1894年

图8
大岩门

1883年绘；
布面油画；
65cm×81cm；
大都会艺术博物馆，纽约

图9

葛饰北斋

（1760—1849年）：

木版画"富岳三十六景"之《信州诹访湖》

绘制的《鲁昂大教堂》（彩色图版41）以及许多其他系列，而这也成为莫奈余生中标准的创作模式。或许是不久前实现的财政稳定，催化了莫奈在职业生涯的这个阶段开启了这些实验，因为他不再需要为卖画而奔走，从而有大量时间专注于破解某个单一的图像难题。

从某些角度而言，这些组画沿袭了之前作品的特性，但从另外的角度来看，却又开启了一个截然不同的新套路。自19世纪60年代开始，莫奈就时不时地在不同的天气条件下为同一个对象绘制多幅油画（1879年创作的彩色图版23和24便是一例）。19世纪80年代，在面对同一个对象时，莫奈时而会绘制多达6幅或更多的版本，比如在美丽岛上的《科顿港的礁石》（*The Pyramides at Port-Coton*，彩色图版32），当眼前的光影效果变了，他便移至另一块画布上作画。但在这一时期，莫奈并不把这些系列视作独立的单元：在展览中，他更愿意突出在不同地点绘制的主题的多样性，而非某一个对象的多个版本，因为这时的他还把办展当作一个可以出售各类作品的橱窗。在某种意义上，莫奈在1877年的印象派群展上就流露了展出组画的想法，他展出了8幅关于圣拉扎尔车站及其周边景象的作品（彩色图版22和图29便在其中），但这8幅作品的视点和构图都各不相同，而且也只揭示了莫奈展出的全部画作的一个侧面。在1890年至1891年期间创作的《干草垛》和之后的系列中，莫奈有意营造出一种可被充分感知的统一性，当作品初次展出时，所有的画作都可以被同时欣赏到，因为莫奈告诉每一位前来观展的人："只有通过对比并接连观看整个系列的作品，才能体会到每一幅画的意义。"不仅构成展览的每一幅画作都是艺术品，连展览本身也成为一件艺术品。当今，只有巴黎的国立网球场现代美术馆（Jeu de Paume）藏有5幅《鲁昂大教堂》组画，也只有在那里，我们才能感受到组画的魅力。

图10

雪中的干草垛

1891年绘；
布面油画；
65cm×92cm；
苏格兰国家美术馆，爱丁堡

　　在主题上，这些早期的组画，特别是《干草垛》和《白杨》系列，与莫奈先前的作品大相径庭。它们不以体现地貌特征为目的，也没有透露任何有关绘画地点的信息，就算是《鲁昂大教堂》系列，一旦看过了其中的一幅，就不会从其余的组画中得到更多关于建筑外观的信息了。相反，莫奈的焦点在于气氛的变化，也就是在持续变化的光源的影响下事物形态的改变。莫奈在1890年写道，在《干草垛》组画中，他尝试捕捉"'瞬间性'，为首的便是捕捉无所不包的空气氛围，以及无处不在的同一来源的光线"。他在次年评注道："对于我来说，风景本身并不能单独存在，因为它的外观时时刻刻都在转变，是笼罩它的氛围——不断流转变化的空气和光线——使其有了生命力。对我来说，是环境氛围给予了景物真正的意义。"

　　对可感知的环境氛围的关注成为莫奈20年不变的追求，但一切都要从1870年至1871年绘制的《泰晤士河》（彩色图版11）算起。他最著名的作品《日出·印象》（彩色图版11）就表现了这一主题，《雾中维特尼》（*Vétheuil in the Fog*，彩色图版24）也呈现了同样的主题，作为莫奈试图捕捉的瞬间效果的象征，后者在19世纪80年代曾多次在不同场合展出。在莫奈19世纪90年代的作品中，雾霭蒙蒙的画面占据了大多数，正是由于伦敦冬季的大雾，才吸引了莫奈在1899年至1901年返回那里作画（彩色图版45），就像他对雷内·吉姆佩尔（Réne Gimpel）所说的："我只喜欢冬天的伦敦，离开了雾，伦敦就不是一个美丽的城市了，是雾给了伦敦非同凡响的深度。在这件神秘外衣的衬托下，城

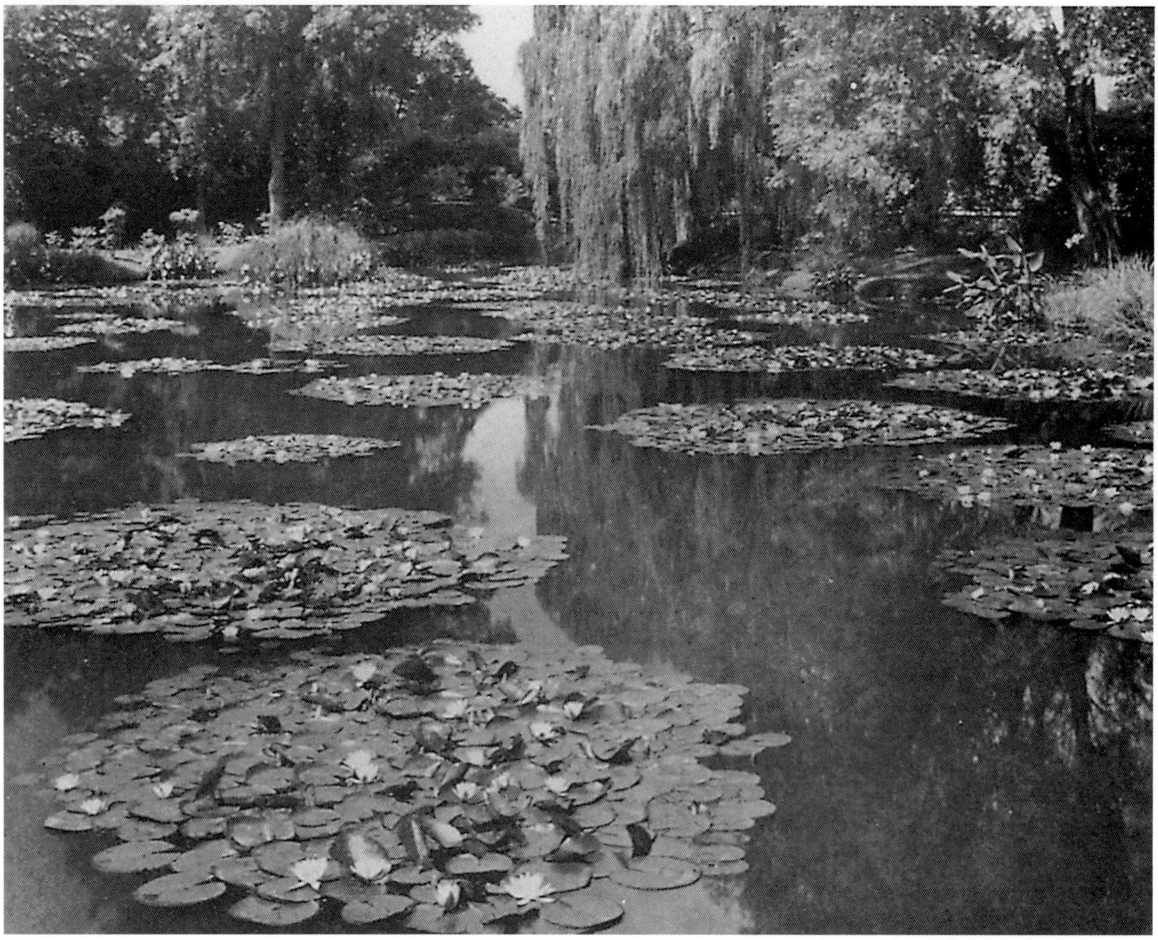

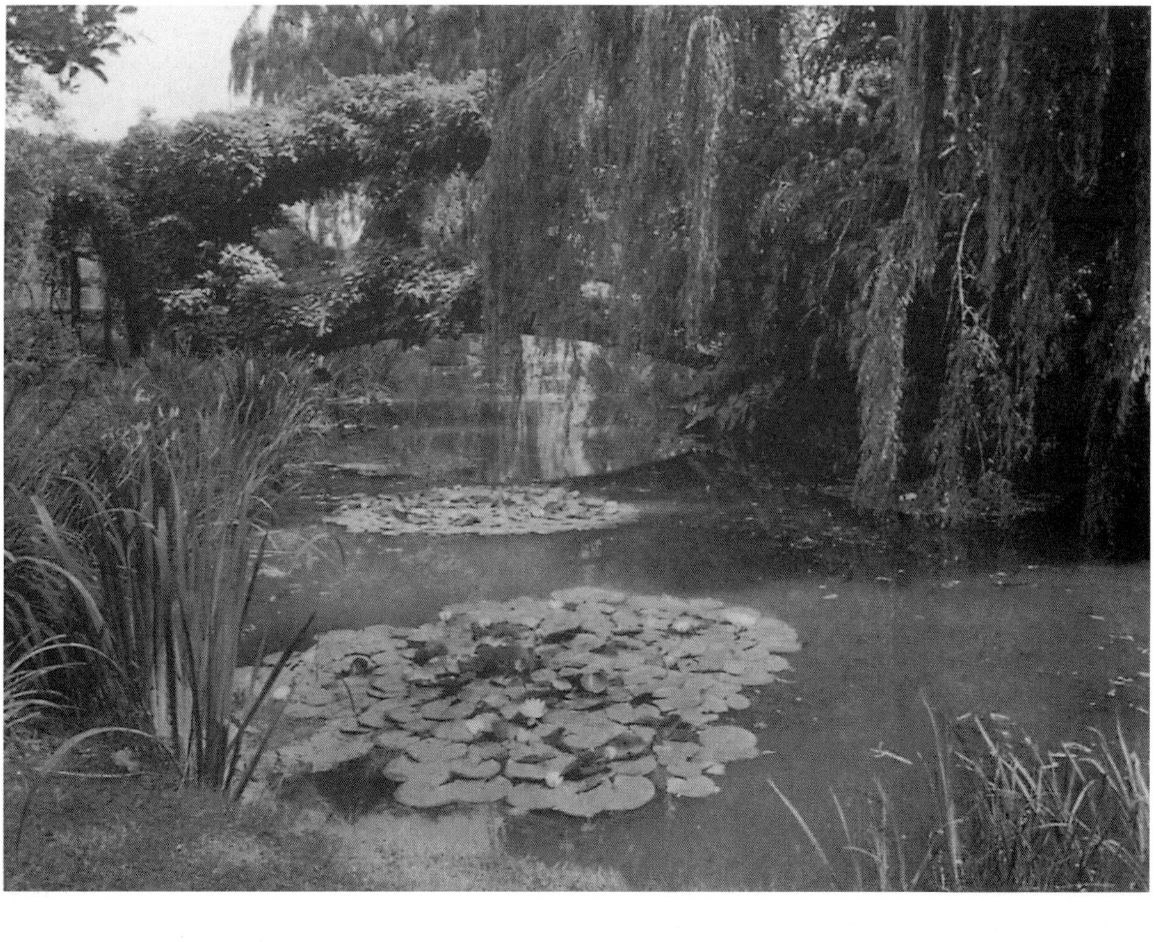

市中大量整齐划一的普通建筑也变得宏伟了起来。"

莫奈早期画雾的油画是在相互独立的画布上草草绘就的，但在19世纪90年代的组画中，他找到了一个可以使瞬间效果变得更加持久的方法，那时，他对一位朋友提到：他日益不满于那些"无论有多粗疏，只要是符合心意的就好"的画；相反，他必须"要将某个事物留在特定的时空中"，并在其画面中探索"更严肃的内涵"。为了达到这个目标，莫奈沿袭了19世纪80年代的创作方法，也就是在画室中进行长时间的加工，以强调配色的协调一致性。在实际中，他依旧以写生的方式开始创作，但绘画效果过于瞬息万变了，以至于他不可能在户外完成作品。于是，回到画室后，他再对画作进行勾勒、润饰，常常通过与同系列中的其他画作比对着来加工，直到部分作品——例如《鲁昂大教堂》（彩色图版41）——彻底脱离了任何直接的感性认知，被融在微妙的色彩中的瞬息万变的氤氲所替代。莫奈在这一时期对特纳的推崇备至也就不出意料了。这时期的作品与19世纪70年代使印象派扬名立万的色彩明快的代表作截然不同，它们传递出一种暗示性的、引发共鸣的气息，这一点与莫奈的朋友，诗人马拉美（Stéphane Mallarmé）的符号主义概念不谋而合。

19世纪90年代早期，莫奈开始在他吉维尼的家中修建一座水上花园，池塘从一条小溪中引水，其上架起一座拱桥，图11展现了池塘完工时的模样。最初，莫奈并没有想以花园为主题作画，但很快，他就意识到了花园潜在的图像性。在第一个系列中（彩色图版43和44），鲜花、悬伸出来的树枝和拱桥环抱着水面和水上的莲叶。在1900年后，莫奈拓宽

图11
莫奈的睡莲池塘的照片

约摄于1930年

了池塘的面积，并开始了新系列的创作，这组新系列只在1909年展出过。画中的湖岸先是被推至画布的上沿，然后就彻底消失了，整个画面都留给了树、云和天的倒影以及覆盖其上的漂浮在水中的莲叶（例如图43）。

自19世纪90年代末期起，莫奈就一直希望将睡莲的油画变为一个单一的装饰设计，环绕着房间悬挂一整圈。直到1914年，他的朋友政治家克列孟梭（Georges Clemenceau）才说服他开启该项目仍为时不晚。于是在1916年，莫奈在一个专门为了这个项目建造的大型画室中，开始绘制这个高达两米的大型油画长卷，长卷中的水面一部分是基于记

忆，另一部分则有赖于一些画池塘的小型习作。

晚年，莫奈从这些装饰长卷中选取了部分，安装在巴黎橘园美术馆中的两间椭圆展厅中。直到现在，它们还一如莫奈计划的一样在厅中悬挂着（见图12）。其余未在橘园美术馆中展出的长卷在20世纪50年代从莫奈的画室中流出，现在通过照片就能欣赏到，比起前往橘园美术馆可要方便多了。但由于它们同样都是巨幅作品，且画风恣意洒脱，只有在观看真迹时才能感受到这点（彩色图版46、47；彩色图版48局部）。

在这些描摹水面的画作中，莫奈想要呈现一个更为短暂易逝的主题，

图12
睡莲装饰长卷

约1916—1926年绘；
布面油画；
悬挂在墙上；
高200cm；
橘园美术馆第二展厅，巴黎

如若可能，它将比19世纪90年代创作的迷雾系列更加瞬息万变。晚年，莫奈对一位采访者透露了他想要追求的效果："睡莲本身远远无法构成整个画面，真的，它们只是陪衬。这个主题的精髓在于水面的倒影，倒影每分每秒都在变化，多亏了倒影中一片片的天空，我才得以在水面上赋予光和动感。飘动的浮云、清新的柔风、忽明忽暗的光线，如此之多的元素是新手无法察觉的，它们改变着画面的颜色和水平面的形状。作画的人需要同时在5到6张油布上创作，从一张转移到另外一张上，当最开始被打断的光影效果又回来时，他需迅速回到第一张上去作画。"

睡莲装饰长卷几乎完全消解了传统油画的内涵，它们没有清晰的构图焦点，莲叶散落在整个画布的四处，似乎可以向画布边缘外无限蔓延。这种穿越画面的延续性是通过同质化的配色来实现的——通常都是浅色的色调，颜色也大多局限于那几种：各种绿色调和蓝色调，再加上黄色和淡紫色。长卷的笔法进一步沿袭了莫奈在19世纪80年代使用过的恣意潇洒的毛笔笔法，也是当时绘制大量的落叶和风暴中的海面时使用过的。当人们走近时，可以看到画中的笔划豪放地横穿过油布表面，并不受限于所描摹的对象的轮廓，微妙的配色给画作披上了彩虹般的天然肌理（见彩色图版48）；远观，画中的颜色和笔触又融为一曲宏伟的合唱和律动，使得绘画的整个过程跃然纸上。然而，正如某人指出的，画面仿佛真的变成了它所描绘的对象，也就是宽阔的池塘水面本身。

莫奈对自然的投入和对《睡莲》诗意般的处理方法对于20世纪二三十年代的年轻艺术家来说似乎有些过时了，但这些开放式的画面在1945年以后却被美国和欧洲的抽象艺术家们深入探索，使得艺术家和评论家开始重新评估莫奈的整个绘画生涯。无论如何，莫奈都属于他所处的时代。和塞尚（Paul Cézanne，20世纪初形式主义抽象画的先驱）一样，莫奈终其一生都在思考以何种方式去表现他对自然的感知，但在这宽泛的框架中，莫奈拓宽了自然主义绘画的含义，利用从陈腐的传统中解放出来的色彩、笔法和构图，创造出了一种全新的图像整体。在莫奈的作品中，色彩和笔触的和谐与韵律成为大自然光线和气氛合二为一的同义词。

图 13
莫奈在吉维尼家中的前花园中的照片

约摄于 1920 年

生平简介

1840 年	11 月 4 日生于巴黎。
约 1845 年	举家迁至勒阿弗尔。
约 1857 年	结识布丹,布丹将莫奈引入了风景画的世界。
1859—1860 年	留在巴黎;结识毕沙罗。
1861—1862 年	前往阿尔及利亚服兵役。
1862 年	结识容金德。
1862—1864 年	在格莱尔的工作室,结识了雷诺阿、巴齐耶和西斯莱。
1865 年	作品首次在官方的巴黎沙龙上展出,在 1866 年和 1868 年再度入选,但在 1867 年、1869 年和 1870 年被拒之门外。
约 1866 年	结识马奈,二人后来成为挚友。
1870 年	迎娶卡米耶·汤希尔。
1870—1871 年	在普法战争和巴黎公社期间,先后前往伦敦和荷兰。
1871—1878 年	居住在阿让特伊,在那里,马奈、雷诺阿和西斯莱时不时地造访莫奈,并同他一起创作。
1874 年	参加第一届印象派展览;在 1876 年、1877 年(包括绘制巴黎圣扎尔火车站的画作)、1879 年以及 1882 年多次参展。
1878—1881 年	和家人、爱丽丝·奥西德以及爱丽丝的孩子们一起居住在维特尼。
1879 年	莫奈的妻子卡米耶病逝。
1880 年	最后一次在巴黎沙龙上参展。
1880—1889 年	长达十年的旅行。
1880—1886 年	每一年都前往诺曼底写生。
1881—1883 年	居住在普瓦西。
1883 年	移居吉维尼,离世前一直住在此地。
1884 年	第一次前往地中海地区写生,造访博尔迪盖拉和芒通,于 1888 年造访昂蒂布。
1886 年	在荷兰和美丽岛上创作。
1889 年	在克勒茨的山谷中创作;在乔治斯·珀蒂位于巴黎的画廊中举办回顾展,赢得赞誉无数。
1891 年	展出第一组真正的组画——《干草垛》。
1892 年	迎娶爱丽丝·奥西德。
约 1893 年	在吉维尼的家附近着手建造水景花园。
1895 年	造访挪威;展出于 1892 年和 1893 年在鲁昂创作的《鲁昂大教堂》组画。
1900 年	展出第一组《睡莲》组画。
1904 年	展出在 1899 年、1900 年和 1901 年造访伦敦时创作的伦敦系列组画。
1909 年	展出第二组《睡莲》组画。
1911 年	莫奈的第二任妻子爱丽丝亡故。
1916 年	开始绘制大型《睡莲装饰长卷》。
1926 年	12 月 6 日逝世于吉维尼。

部分参考文献

莫奈作品完整目录

D. Wildenstein, *Monet, vie et oeuvre*, I (1840-1881), II (1882-1886), III (1887-1898), Lausanne and Paris, 1974 and 1979 (with full biography).

D. Rouart and J.-D. Rey, *Monet Nymphéas*, Paris, 1972 (Water-Lily paintings only).

专 著

G. Geffroy, *Claude Monet, sa vie, son temps, son œuvre*, Paris, 1922; new edition 1980.

W. C. Seitz, *Monet*, London and New York, 1960.

G. H. Hamilton, *Claude Monet's Paintings of Rouen Cathedral*, Oxford, 1960.

J. Isaacson, *Monet, Le Déjeuner sur l'Herbe*, London, 1972.

P.H. Tucker, *Monet at Argenteuil*, London and New Haven, 1982.

J. House, *Monet: Nature into Art*, London and New Haven, 1986.

J. Isaacson, *Claude Monet, Observation and Reflection*, Oxford, 1978.

C. Joyes, *Monet at Giverny*, London, 1975.

S. V. Levine, *Monet and his Critics*, New York, 1978.

普通图书

P. Francastel, *L'Impressionnisme*, Paris, 1937, new edition 1974.

L. Venturi, *Les Archives de l'Impressionnisme*, Paris, 1939 (primarily on Durand-Ruel's relations with the Impressionists).

J. Rewald, *The History of Impressionism*, 4th edition, London and New York, 1974 (standard history, with extensive critical bibliography on Monet).

莫奈个人作品的展览图录

Claude Monet, catalogue by D. Cooper and J. Richardson, London and Edinburgh, Arts Council of Great Britain, 1957.

Claude Monet, Seasons and Moments, catalogue by W. C. Seitz, New York, Museum of Modern Art, 1960.

Monet Unveiled, catalogue by E. H. Jones, A. Murphy and L. H. Giese, Boston, Museum of Fine Arts, 1977.

Monet's Years at Giverny, catalogue by C. Moffett and D. Wildenstein, New York, Metropolitan Museum of Art, 1978.

Hommage à Claude Monet, catalogue by H. Adhémar, A. Distel, and S. Gache, Paris, Grand Palais, 1980.

综合展览图录

The Impressionists in London, catalogue by A. Bowness and A. Callen, London, Hayward Gallery, 1973.

Impressionism, its Masters, its Precursors and its Influence in Britain, catalogue by J. House, London, Royal Academy of Arts, 1974.

Centenaire de l'Impressionnisme, catalogue by H. Adhémar and others, Paris, Grand Palais, 1974.

Post-Impressionism, Cross-Currents in European Painting, catalogue edited by J. House and M.A. Stevens, London, Royal Academy of Arts, 1979-80.

The Crisis of Impressionism, catalogue by J. Isaacson and others, University of Michigan Art Gallery, 1980.

The New Painting: Impressionism 1874-1886, catalogue by C.S. Moffet and others, Fine Arts Museums of San Francisco, 1986.

Monet in the 90s: The Series Paintings, catalogue by P.Tucker, London and New Haven, 1990.

插图列表

彩色图版

1. 退潮的哈弗港
   1865 年绘；布面油画；90cm×150cm；
   金贝尔艺术博物馆，沃斯堡

2. 草地上的午餐（左侧局部）
   1865—1866 年绘；布面油画；
   418cm×150cm；奥赛博物馆，巴黎

3. 身着绿裙的卡米耶
   1866 年绘；布面油画；231cm×151cm；
   不来梅美术馆，不来梅

4. 卢浮宫码头
   1867 年绘；布面油画；65cm×92cm；
   海牙市立博物馆，海牙

5. 圣阿德雷斯的露台
   1867 年绘；布面油画；98cm×130cm；
   大都会艺术博物馆，纽约

6. 河
   1868 年绘；布面油画；81cm×100cm；
   芝加哥美术馆，芝加哥

7. 午餐（局部）
   1868 年绘；布面油画；230cm×150cm；
   施特德尔美术馆，法兰克福

8. 戴红色斗篷的女子
   1868—1869 年绘；布面油画；100cm×80cm；
   克利夫兰艺术博物馆，克利夫兰

9. 蛙塘
   1869 年绘；布面油画；75cm×100cm；
   大都会艺术博物馆，纽约

10. 雪中的路维希安小路
    1869—1870 年绘；布面油画；55cm×65cm；
    私人收藏

11. 国会大厦和泰晤士河
    1870—1871 年绘；布面油画；42cm×73cm；
    伦敦国家美术馆，伦敦

12. 绿色花园
    1870—1871 年绘；布面油画；34cm×72cm；
    费城艺术博物馆，费城

13. 赞丹港
    1871 年绘；布面油画；47cm×74cm；
    私人收藏

14. 阿让特伊河畔小径
    1872 年绘；布面油画；50.5cm×65cm；
    华盛顿国家艺术博物馆，华盛顿

15. 日出·印象
    1872 年绘；布面油画；48cm×63cm；
    玛摩丹莫奈美术馆，巴黎

16. 阿让特伊的秋
    1873 年绘；布面油画；56cm×75cm；
    考陶尔德美术馆，伦敦

17. 夏日·草场
    1874 年绘；布面油画；57cm×80cm；
    柏林国立美术馆，柏林

18. 阿让特伊的公路桥
    1874 年绘；布面油画；60cm×80cm；
    华盛顿国家艺术博物馆，华盛顿

19. 阿姆斯特丹南教堂
    约 1874 年绘；布面油画；54.5cm×65.5cm；
    费城艺术博物馆，费城

20. 阿让特伊红船
    约 1875 年绘；布面油画；55cm×65cm；
    橘园美术馆，巴黎

21. 撑阳伞的女人
    1875 年绘；布面油画；100cm×81cm；
    华盛顿国家艺术博物馆，华盛顿

22. 欧洲大桥
    1877 年绘；布面油画；64cm×81cm；
    玛摩丹莫奈美术馆，巴黎

23. 维特尼教堂
    约1879年绘；布面油画；51cm×61cm；
    南安普顿艺术画廊（美术馆），南安普顿

24. 雾中维特尼
    1879年绘；布面油画；60cm×71cm；
    玛摩丹莫奈美术馆，巴黎

25. 冰川
    1880年绘；布面油画；97cm×150.5cm；
    谢尔本博物馆，谢尔本

26. 拉维格
    1880年绘；布面油画；100cm×150cm；
    达拉斯美术博物馆，达拉斯

27. 梨和葡萄
    1880年绘；布面油画；65cm×81cm；
    汉堡美术馆，汉堡

28. 瓦朗日维的海岸警卫小屋
    1882年绘；布面油画；60cm×73cm；
    博伊曼斯·范伯宁恩美术馆，鹿特丹

29. 瓦朗日维教堂
    1882年绘；布面油画；65cm×81cm；
    伯明翰大学巴伯美术馆，伯明翰

30. 博尔迪盖拉
    1884年绘；布面油画；73cm×92cm；
    加利福尼亚圣巴巴拉艺术博物馆，圣巴巴拉

31. 春
    1886年绘；布面油画；65cm×81cm；
    菲茨威廉博物馆，剑桥

32. 科顿港的礁石
    1886年绘；布面油画；66cm×66cm；
    私人收藏

33. 昂蒂布
    1888年绘；布面油画；65cm×92cm；
    考陶尔德美术馆，伦敦

34. 昂蒂布的石松
    1888年绘；布面油画；73cm×92cm；
    私人收藏

35. 田地里的五人
    1888年绘；布面油画；79cm×79cm；
    私人收藏

36. 弗雷瑟内克勒茨山谷
    1889年绘；布面油画；65cm×92cm；
    波士顿美术馆，波士顿

37. 夏末的干草垛
    1890—1891年绘；布面油画；60cm×100cm；
    奥赛博物馆，巴黎

38. 夕阳下的干草垛·霜冻天气
    1891年绘；布面油画；65cm×92cm；
    私人收藏

39. 阳光下的干草垛
    1891年绘；布面油画；60cm×100cm；
    苏黎世市立美术馆，苏黎世

40. 秋季的三棵白杨树
    1891年绘；布面油画；92cm×73cm；
    费城艺术博物馆，费城

41. 鲁昂大教堂·入口·清晨
    1893—1894年绘；布面油画；100cm×65cm；
    弗柯望博物馆，埃森

42. 晨曦
    1897年绘；布面油画；89cm×92cm；
    私人收藏

43. 睡莲池
    1899年绘；布面油画；89cm×93cm；
    伦敦国家美术馆，伦敦

44. 日本桥
    1899年绘；布面油画；89cm×93cm；
    费城艺术博物馆，费城

45. 滑铁卢大桥
    约1900—1903年绘；布面油画；65cm×100cm；
    卡耐基博物馆，匹兹堡

46. 睡莲
    约1916—1922年绘；布面油画；200cm×425cm；
    伦敦国家美术馆，伦敦

47. 睡莲
    约1916—1922年绘；布面油画；200cm×426cm；
    克利夫兰艺术博物馆，克利夫兰

48. 睡莲（局部）（彩色图版46）

文中插图

1. 20岁的莫奈的照片；埃蒂安·卡加摄于1860年

2. 翁弗勒尔的塞纳河口
   布面油画；90cm×150cm；
   诺顿·西蒙基金会，洛杉矶

3. 草地上的午餐（中心局部）
   1865—1867年绘；布面油画；248cm×217cm；
   奥赛博物馆，巴黎

4. 花园中的女人
   1866—1867年绘；布面油画；255cm×205cm；
   奥赛博物馆，巴黎

5. 埃特勒塔的惊涛骇浪
   1868—1869年绘；布面油画；66cm×131cm；
   奥赛博物馆，巴黎

6. 船屋画室
   约1876年；布面油画；72cm×60cm；
   宾夕法尼亚梅里恩巴恩斯美术馆，费城

7. 卡布辛大道
   1873年绘；布面油画；61cm×80cm；
   普希金美术博物馆，莫斯科

8. 大岩门
   1883年绘；布面油画；65cm×81cm；
   大都会艺术博物馆，纽约

9. 葛饰北斋（1760—1849年）：木版画"富岳三十六景"之《信州诹访湖》

10. 雪中的干草垛
    1891年绘；布面油画；65cm×92cm；
    苏格兰国家美术馆，爱丁堡

11. 莫奈的睡莲池塘的照片；约摄于1930年

12. 睡莲装饰长卷
    约1916—1926年绘；布面油画；
    橘园美术馆第二展厅，巴黎

13. 莫奈在吉维尼家中的前花园中的照片；约摄于1920年

对比插图

14. 退潮的哈弗港
    1864年绘；51cm×73cm；布面油画；
    私人收藏

15. 草地上的午餐
    1865年绘（标注日期为1866年）；
    布面油画；130cm×181cm；
    普希金美术博物馆，莫斯科

16. 爱德华·马奈（1832—1883年）：
    戴贝雷帽的哲学家
    1865年绘；布面油画；188.5cm×109cm；
    芝加哥美术馆，芝加哥

17. 圣日耳曼奥赛尔教堂
    1867年绘（标注日期为1866年）；
    布面油画；79cm×98cm；
    柏林国家美术馆，柏林

18. 葛饰北斋（1760—1849年）：木版画"富岳三十六景"之《东海道吉田》

19. 午餐
    1868年绘；布面油画；230cm×150cm；
    施特德尔美术馆，法兰克福

20. 蛙塘
    1869年绘；布面油画；73cm×92cm；
    伦敦国家美术馆，伦敦

21. 卡米耶·毕沙罗（1830—1903年）：
    路维希安景象
    约1870年绘；布面油画；52.5cm×82cm；
    伦敦国家美术馆，伦敦

22. 詹姆斯·惠斯勒（1834—1903年）：
    蓝色和绿色夜曲：切尔西
    1871年绘；布面油画；48cm×60cm；
    伦敦国家美术馆，伦敦

23. 爱德华·马奈（1832—1883年）：
    世界博览会
    1867年绘；布面油画；108cm×196.5cm；

奥斯陆国家美术馆，奥斯陆

24. 赞丹附近的磨坊
    1871年绘；布面油画；40cm×72cm；
    沃特斯艺术博物馆，巴尔的摩

25. 阿尔弗雷德·西斯莱（1839—1899年）：
    新城拉加内的大桥
    1872年绘；布面油画；49.5cm×65.5cm；
    大都会艺术博物馆，纽约

26. 阿让特伊·修建中的大桥
    1872年绘；布面油画；60cm×80.5cm；
    私人收藏

27. 爱德华·马奈（1832—1883年）：
    莫奈在他的船屋画室中创作
    1874年绘；布面油画；80cm×100cm；
    慕尼黑巴伐利亚州立绘画馆收藏

28. 日本印象
    1875—1876年绘；布面油画；231.5cm×142cm；
    波士顿美术馆，波士顿

29. 圣拉扎尔火车站
    1877年绘；布面油画；75cm×100cm；
    奥赛博物馆，巴黎

30. 维特尼的山丘
    1880年绘；布面油画；61cm×99cm；
    私人收藏

31. 冰川
    1880年绘；布面油画；61cm×100cm；
    奥赛博物馆，巴黎

32. 冬日塞纳河的日落
    1880年绘；布面油画；100cm×152cm；
    小皇宫博物馆，巴黎

33. 菊花
    1882年绘；布面油画；100cm×81cm；
    大都会艺术博物馆，纽约

34. 海岸警卫小屋
    1882年绘；布面油画；62cm×76cm；
    哈佛大学福格艺术博物馆，剑桥

35. 博尔迪盖拉
    1884年绘；布面油画；65cm×81cm；
    芝加哥美术馆，芝加哥

36. 美丽岛的风暴
    1886年绘；布面油画；60cm×73cm；
    私人收藏

37. 船上的女孩们
    1887年绘；布面油画；145cm×132cm；
    东京国立西洋美术馆，东京

38. 雪中的干草垛·早晨
    1891年绘；布面油画；65cm×92cm；
    波士顿美术馆，波士顿

39. 艾普特河岸的白杨·日落
    1891年绘；布面油画；100cm×65cm；
    私人收藏

40. 阳光中的鲁昂大教堂·入口和左侧塔楼
    1893—1894年绘；布面油画；107cm×73cm；
    奥赛博物馆，巴黎

41. 让-巴蒂斯特·卡米耶·柯罗
    （1796—1853年）：
    孟特芳丹的回忆
    1864年绘；布面油画；65cm×89cm；
    奥赛博物馆，巴黎

42. 歌川广重（1796—1853年）：木版画"名所江户百景"之《龟户天神境内》

43. 睡莲
    1905年绘；布面油画；90cm×100cm；
    波士顿美术馆，波士顿

44. 国会大厦
    约1901—1904年绘；布面油画；81cm×92cm；
    奥赛博物馆，巴黎

45. 睡莲
    1919年绘；布面油画；100cm×200cm；
    私人收藏，巴黎

46. 画室中的莫奈的照片；约摄于1920年；莫奈正在绘制《睡莲装饰长卷》

1　退潮的哈弗港
The Pointe de la Hève at Low Tide

1865年绘；布面油画；90cm×150cm；金贝尔艺术博物馆，沃斯堡

《退潮的哈弗港》和《翁弗勒尔的塞纳河口》（*The Seine Estuary at Honfleur*，图2）是莫奈最早在巴黎展出的两幅油画作品，它们通过了评委会的审查，于1865年在巴黎沙龙上展出。两幅作品的画幅都偏大，这是年轻艺术家的一种必要手段，目的是在沙龙拥挤的展厅中脱颖而出。两幅画均是在莫奈位于巴黎的画室中完成的，都借鉴了前一年夏天在户外写生完成的小幅习作，这种创作模式也是为沙龙绘制风景画的标准程序。图14就是《退潮的哈弗港》的习作，在重新绘制该主题的较大版本时，莫奈省略了一辆马车以及一些马匹，还对一些景物关系做了细微的调整，比如在前方加了一道防浪堤，但画中的主要形态都没有改变。

画中的海滩位于圣阿德雷斯，圣阿德雷斯毗邻莫奈的家乡勒阿弗尔，位于勒阿弗尔的东北。画中的人物是当地的风格，属于海岸景象中传统的点景人物类型，与莫奈的老师布丹笔下的时髦中产人物形象迥然不同。那时，在附近的特鲁维尔的海滩上，布丹也在写生。紧接着，莫奈也将海景画中的人物换成了光鲜亮丽的形象（见彩色图版5）。但《退潮的哈弗港》的画法和用色却反映了莫奈的另一名老师——荷兰风景画家容金德——对他的感染，其影响体现在其颇为细小的笔触与柔和的色域，并主要依赖明暗对比以突出事物形态。

图14
退潮的哈弗港

1864年绘；
布面油画；
51cm×73cm；
私人收藏

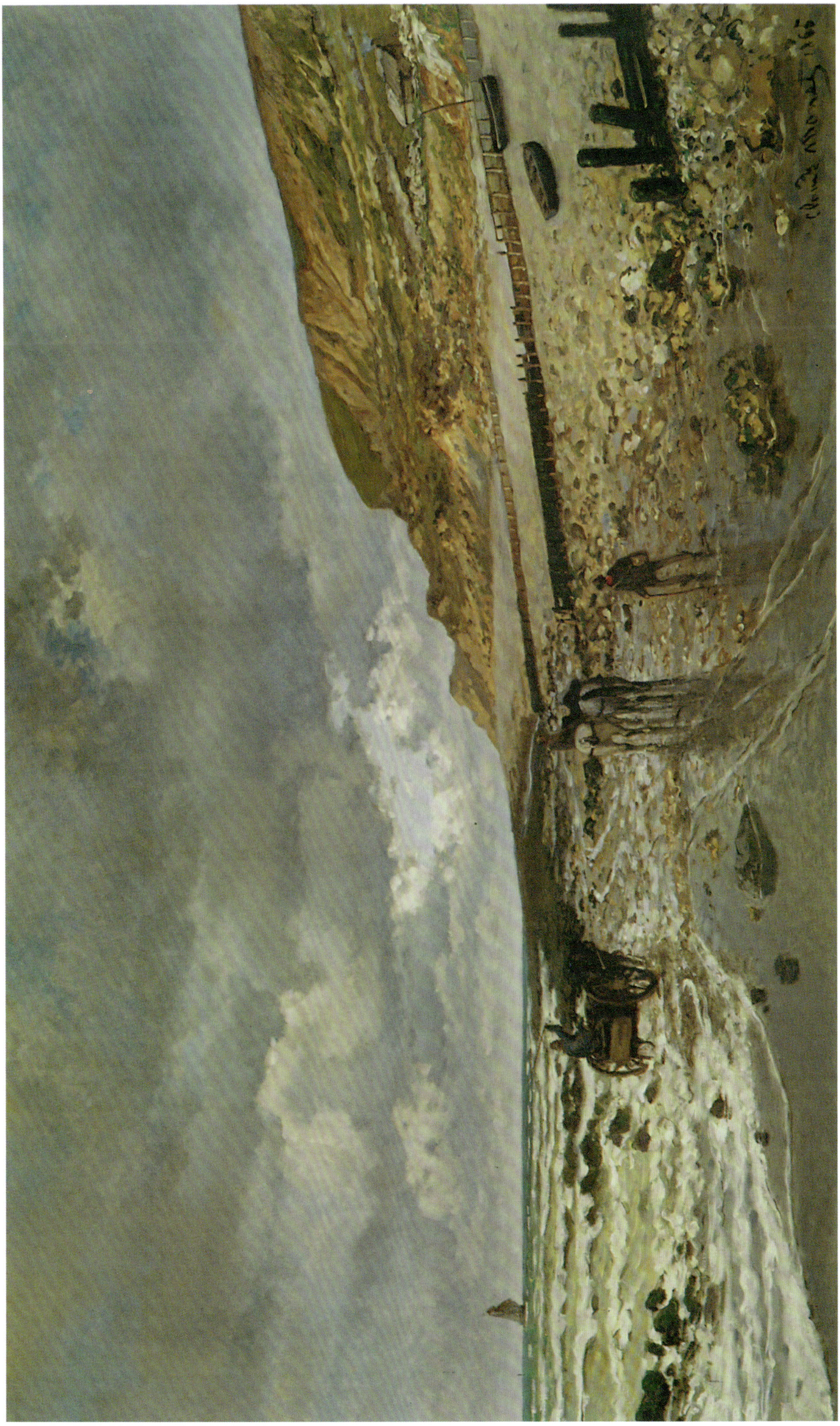

2　草地上的午餐（左侧局部）
Left-hand Fragment of 'Le Déjeuner sur l'Herbe'

1865—1866 年绘；布面油画；418cm×150cm；奥赛博物馆，巴黎

继海景图（见彩色图版 1）在 1865 年的巴黎沙龙上大获成功后，莫奈为 1866 年的展览进行了一次大胆的尝试：他基于马奈一度在 1863 年的落选者沙龙上饱受诟病的作品——《草地上的午餐》，重新绘制了一个巨幅版本。莫奈先是在枫丹白露森林（Forest of Fontainebleau）里写生、打草稿，再回到画室中，根据这个巨大的画稿（图 15），尝试将画面腾挪到一张长 6 米宽 4.5 米的巨幅画布上，同时不损失习作中行云流水般的特质。凭借流畅自如的笔法和信手勾画的人群，莫奈希望能赋予该画一丝清逸和直接，而这正是马奈版本中缺少的。

莫奈从未完成该画，这幅巨作存世的部分（彩色图版 2 是它左侧的局部，图 3 是它中间的局部）表明：他不可能在如此巨大的画幅上重现生动传神的笔触。然而，在这个未完成的状态下，无论是画作的视角还是技法，都流露出了一丝率直，就这一点来说，当下的观众对它的接受度要远高于 1866 年沙龙中的观众。

图 15
草地上的午餐

1865 年绘（标注日期为 1866 年）；
布面油画；
130cm×181cm；
普希金美术博物馆，莫斯科

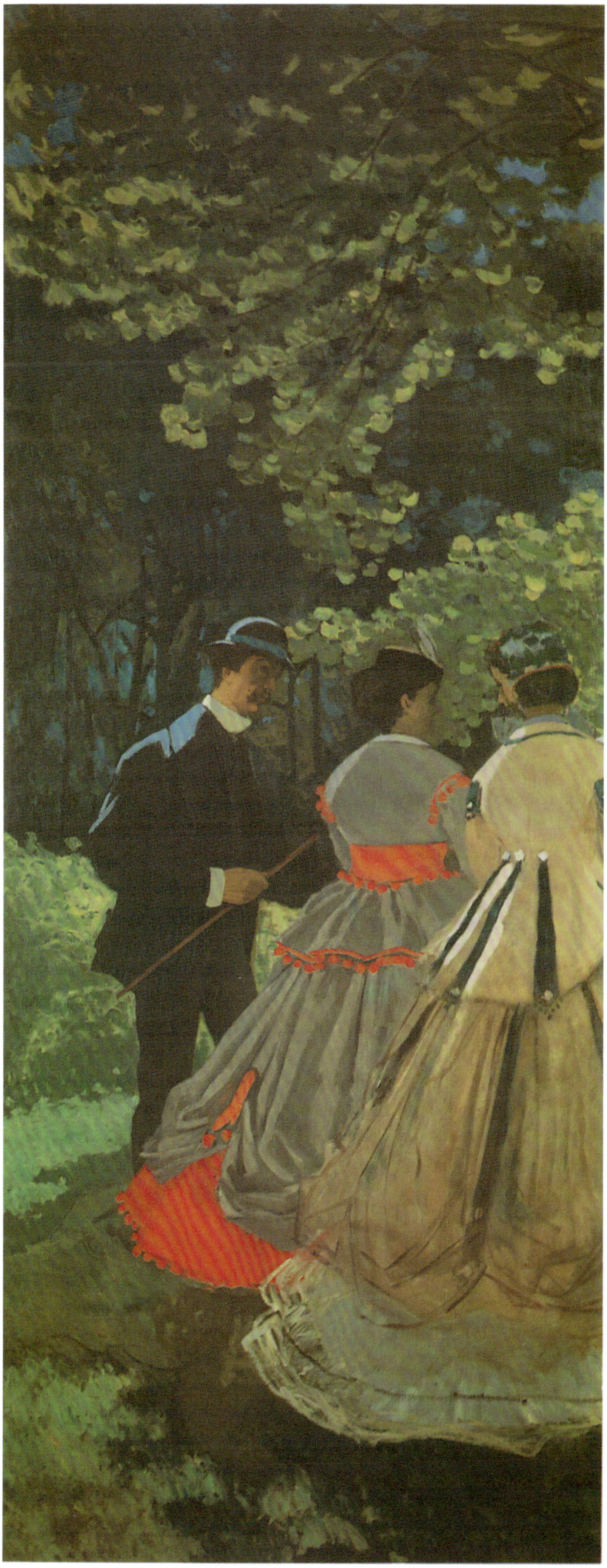

3　身着绿裙的卡米耶
Camille, Woman in a Green Dress

1866年绘；布面油画；231cm×151cm；不来梅美术馆，不来梅

由于莫奈未能完成他的《草地上的午餐》（彩色图版2），在此之后，他为了1866年的巴黎沙龙匆匆绘制了一幅真人大小的油画，也就是《身着绿裙的卡米耶》。根据当时四散的传闻，莫奈只用了4天就完成了作品（无疑是夸张的）。用于描画模特，特别是描画裙子的大胆、刚劲的笔触，再加上用于衬托人物的色调模糊的背景，都是莫奈师从马奈的清晰证据（对比马奈创作的图16）。

画中的模特是卡米耶·汤希尔（Camille Doncieux），她在1870年与莫奈结婚。但这幅画在本质上并不是一幅肖像画，相反，它是在试图捕捉一名时下的时髦女性的瞬间姿态——正在调节丝带的动作。画面焦点不在人物面部，而是在她的动作和姿势，其裙摆面向观众的铺开方式可以使人联想到当时时装图样中的衣着整理方式，而这些时装图样本身就是为那时的女性设下的束缚。此外，在画卡米耶时，为了适应宏伟的沙龙作品需要，莫奈还吸收了部分沙龙传统。

图 16
爱德华·马奈
（1832—1883年）：
戴贝雷帽的哲学家

1865年绘；
布面油画；
188.5cm×109cm；
芝加哥美术馆，芝加哥

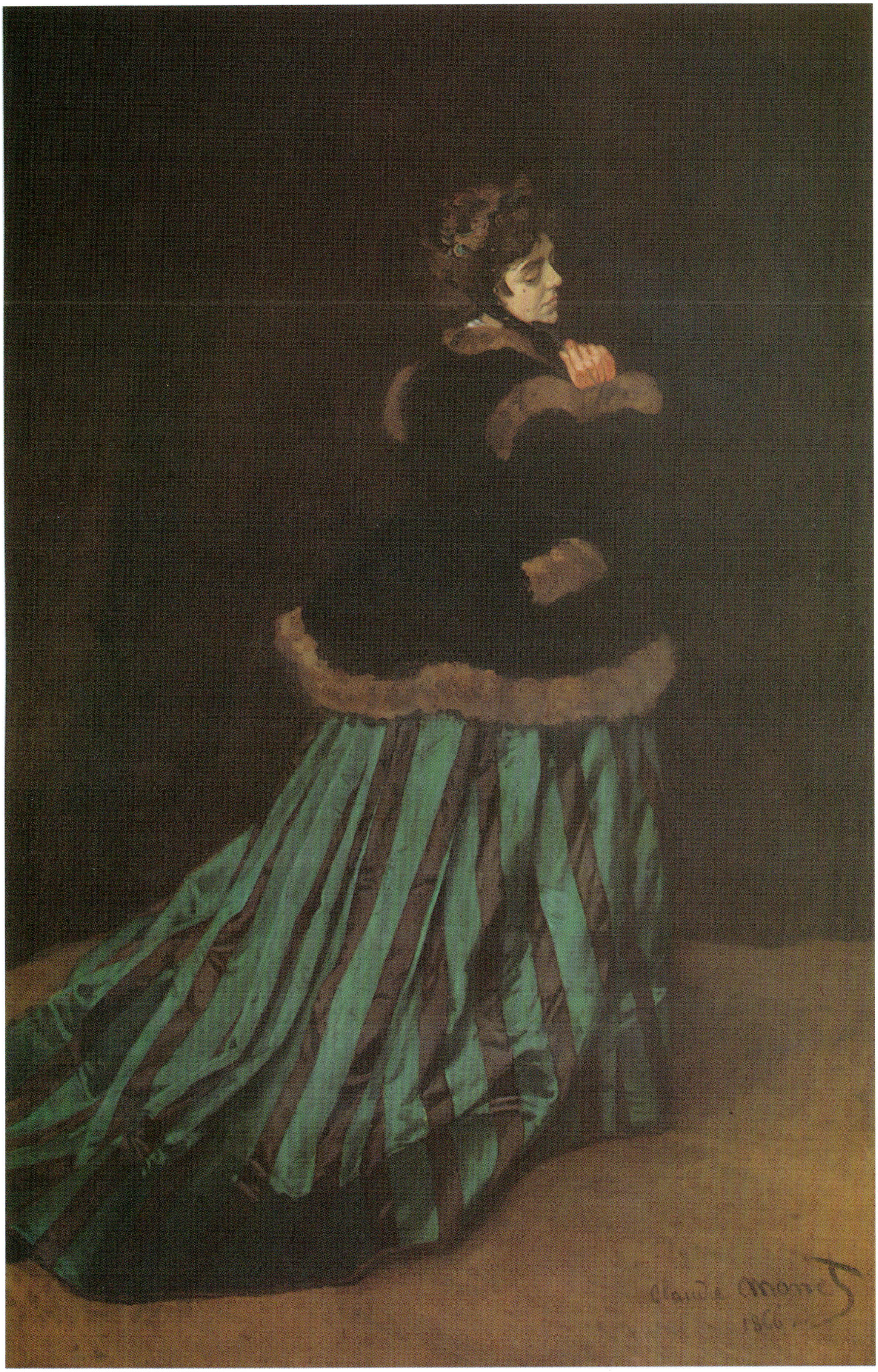
Claude Monet
1866

4　卢浮宫码头
The Quai du Louvre

1867年绘；布面油画；65cm×92cm；海牙市立博物馆，海牙

《卢浮宫码头》（*The Quai du Louvre*）和《圣日耳曼奥赛尔教堂》（*Saint-Germain-L'Auxerrois*，图17）是莫奈在19世纪60年代创作的小幅作品中的代表，它们都是为了通过画商转卖给藏家而作的，不同于为沙龙展览创作的鸿幅巨作。它们是一组三幅组画中的两幅，创作于1867年，画面展示了从卢浮宫东南露台向外展望的景象。《圣日耳曼奥赛尔教堂》展现了广场及其正东方向的教堂，但《卢浮宫码头》则呈现了西岱岛（Ile de la Cité）的西端，画中的先贤祠（Panthéon）的穹顶占据着地平线处的视觉焦点。

莫奈以巧妙、简洁的笔触捕捉了行人的独特动态，画面中没有使人分神的细节和情感表达（见彩色图版12）。他还小心翼翼地避免在画面中出现单一的焦点，因为莫奈热衷于当时的版画和插画中的那种冷淡的全景图，例如在《华丽的巴黎》（*Paris dans sa splendour*，1861年）一书中的平版印刷画。马奈在1867年绘制的《世界博览会》（*Exposition Universelle*，图23）一画中，也采用了相似的视角。

图17
圣日耳曼奥赛尔教堂

1867年绘（标注日期为1866年）；
布面油画；
79cm×98cm；
柏林国家美术馆，柏林

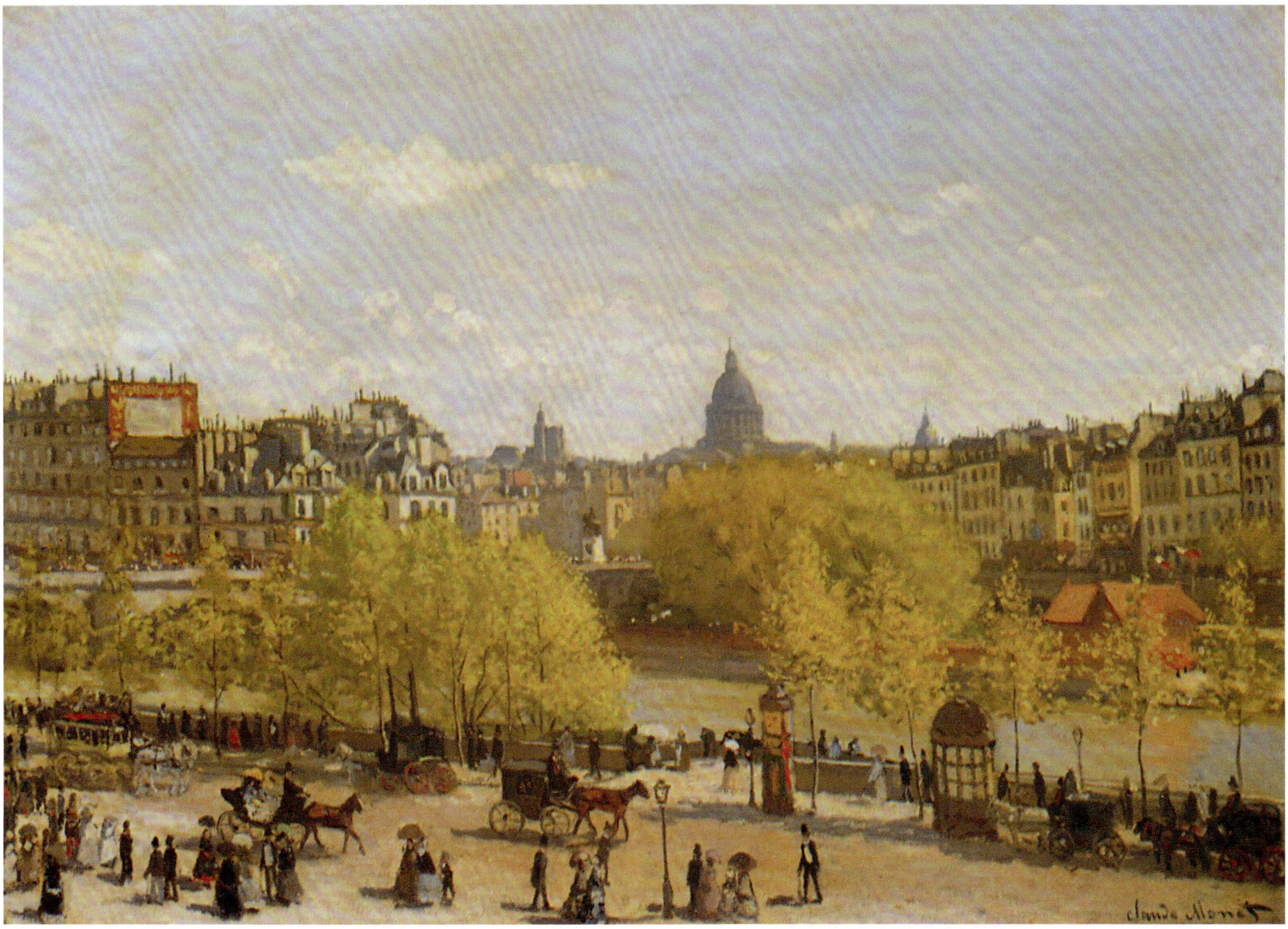
Claude Monet

5 圣阿德雷斯的露台
Terrace at Sainte-Adresse

1867年绘；布面油画；98cm×130cm；大都会艺术博物馆，纽约

在《圣阿德雷斯的露台》中，莫奈描画了他的父亲和姑姑，还有远处的表亲和一名男性友人，他们正在当地的一个露台上远眺海景。与莫奈第一批圣阿德雷斯的海景画中的农民形象（见彩色图版1）不同，这幅画中，大海衬托下的是一群时尚人士，悠然闲坐在一座精心打理的花园中。与同时代以"按部就班地由近及远"为特征的风景画相较，这幅作品的网状构图和高视点似乎是在标新立异，它也是莫奈借鉴日本彩色浮世绘的早期尝试。葛饰北斋（Katsushika Hokusai）的《东海道吉田》（*Travellers Viewing Mount Fuji*，图18）是19世纪60年代在巴黎广为流传的一组版画之一，版画中采用了与《圣阿德雷斯的露台》类似的手法。在这幅画中，最出人意料的莫过于前景中完全被阳伞的清晰轮廓所遮盖的女人头部，同样令人耳目一新的还有画面中无处不在的鲜明的对比色，这些对比色旨在强调阳光下的鲜花、落叶、海洋和旗帜的五光十色。

图18
葛饰北斋
（1760—1849年）：
木版画"富岳三十六景"之《东海道吉田》

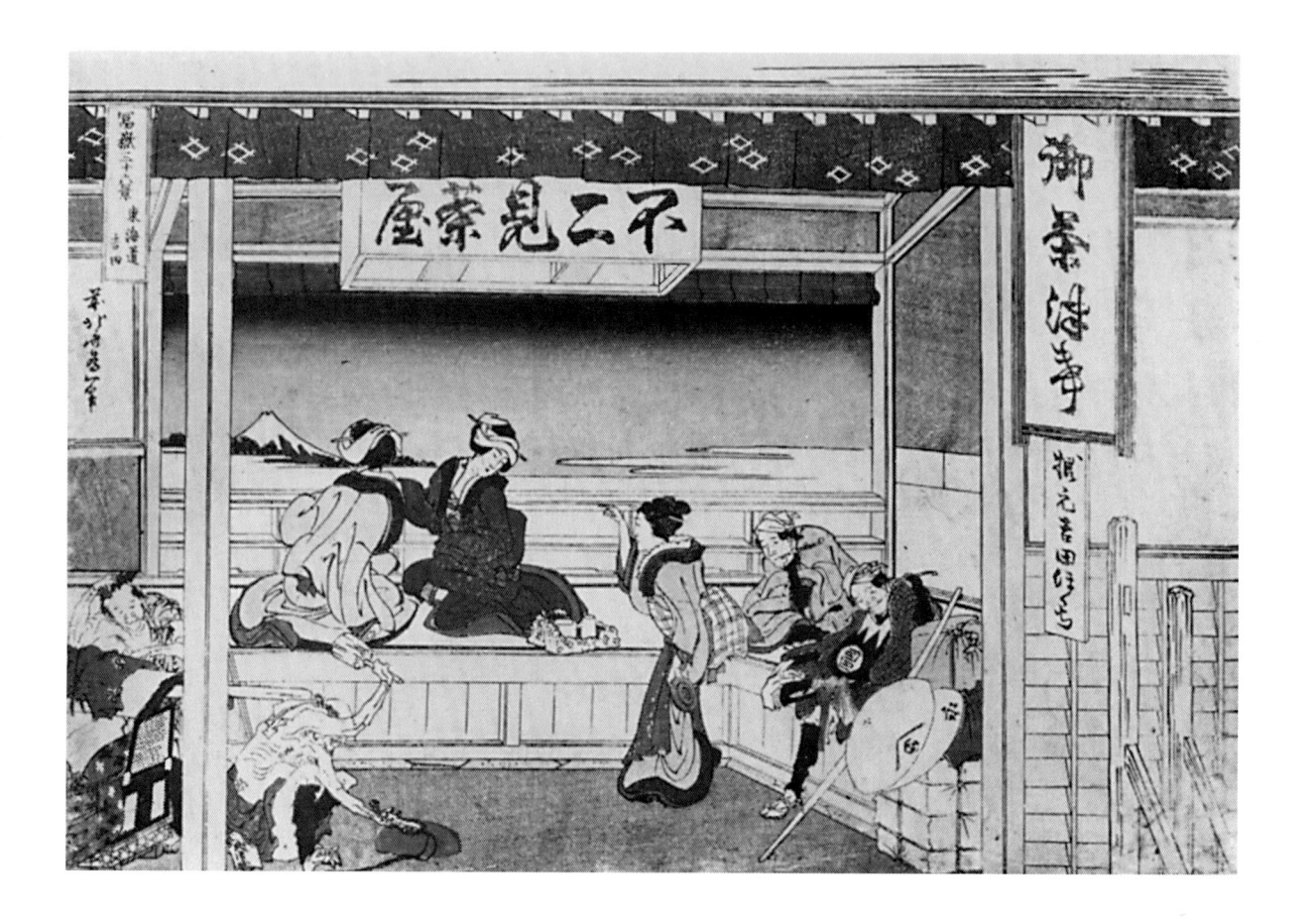

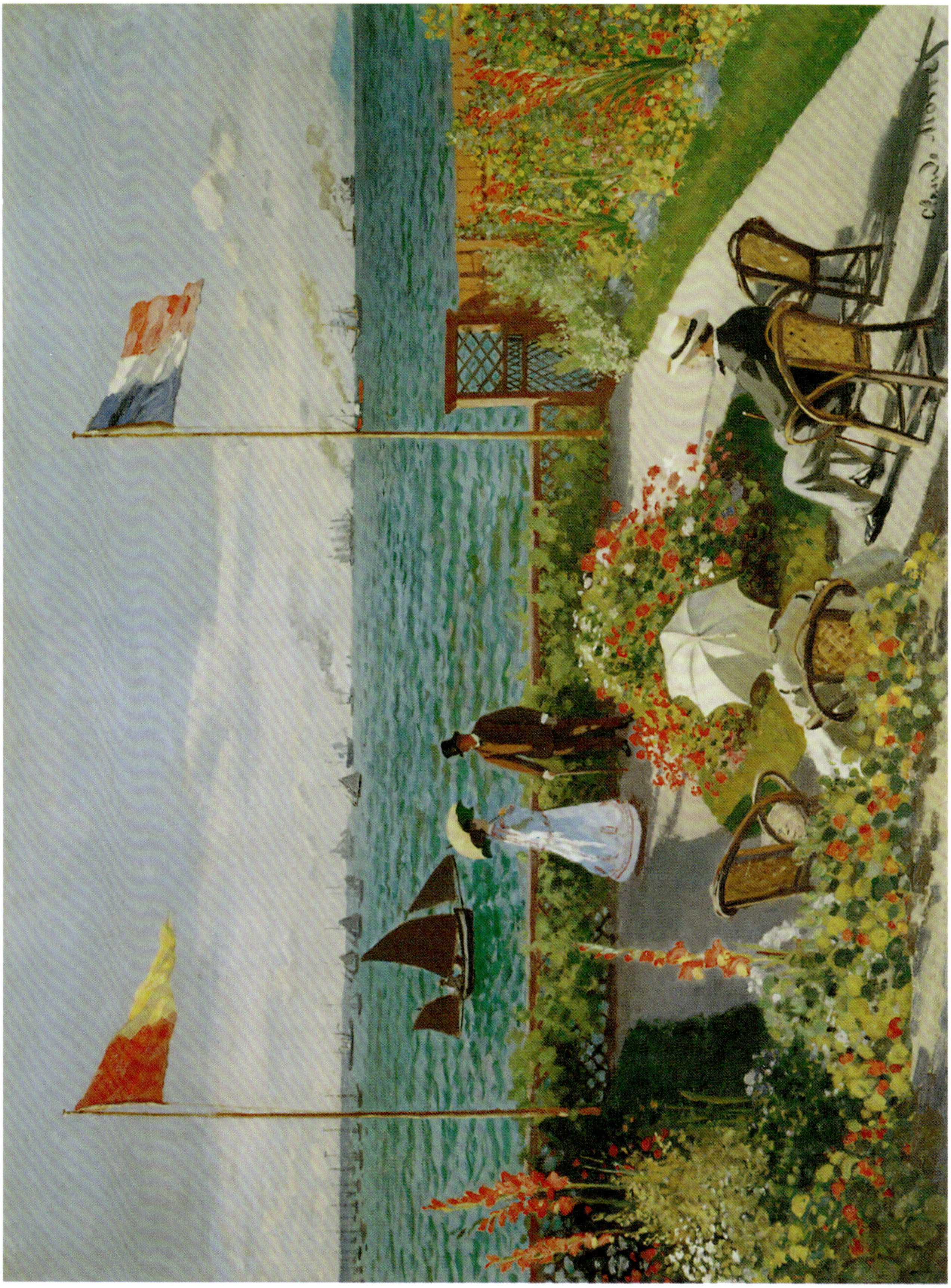

6

河
The River

1868年绘；布面油画；81cm×100cm；芝加哥美术馆，芝加哥

  有着大胆、简明的色调，用轻柔的涂抹一气呵成的《河》，是莫奈19世纪60年代后期画风的最直接的写照。光和影的图案以及建筑及其倒影非但没有纹理的细化和色彩的变化，反而被直接捕捉了下来。这幅作品也是莫奈首次探索水中倒影效果的作品之一，水中倒影逐渐成为莫奈晚期作品中的核心主题，但这幅作品中的倒影还是静止和完整的，并没有被涟漪打破（与彩色图版9、11、16、23、42等做对比）。

  画中展现了本尼科特（Bennecourt）的村落，它位于巴黎和鲁昂的中间，也在塞纳河畔，画中卡米耶（彩色图版3）坐的地方正是塞纳河中的一座小岛，对岸则是本尼科特。在1868年的初夏，莫奈在本尼科特短暂停留，很可能是在小说家埃米尔·左拉（Émile Zola）的推荐下，他才去到那里的，左拉曾与塞尚在1866年造访本尼科特。15年后，莫奈移居到了比邻的村庄吉维尼（彩色图版31）。

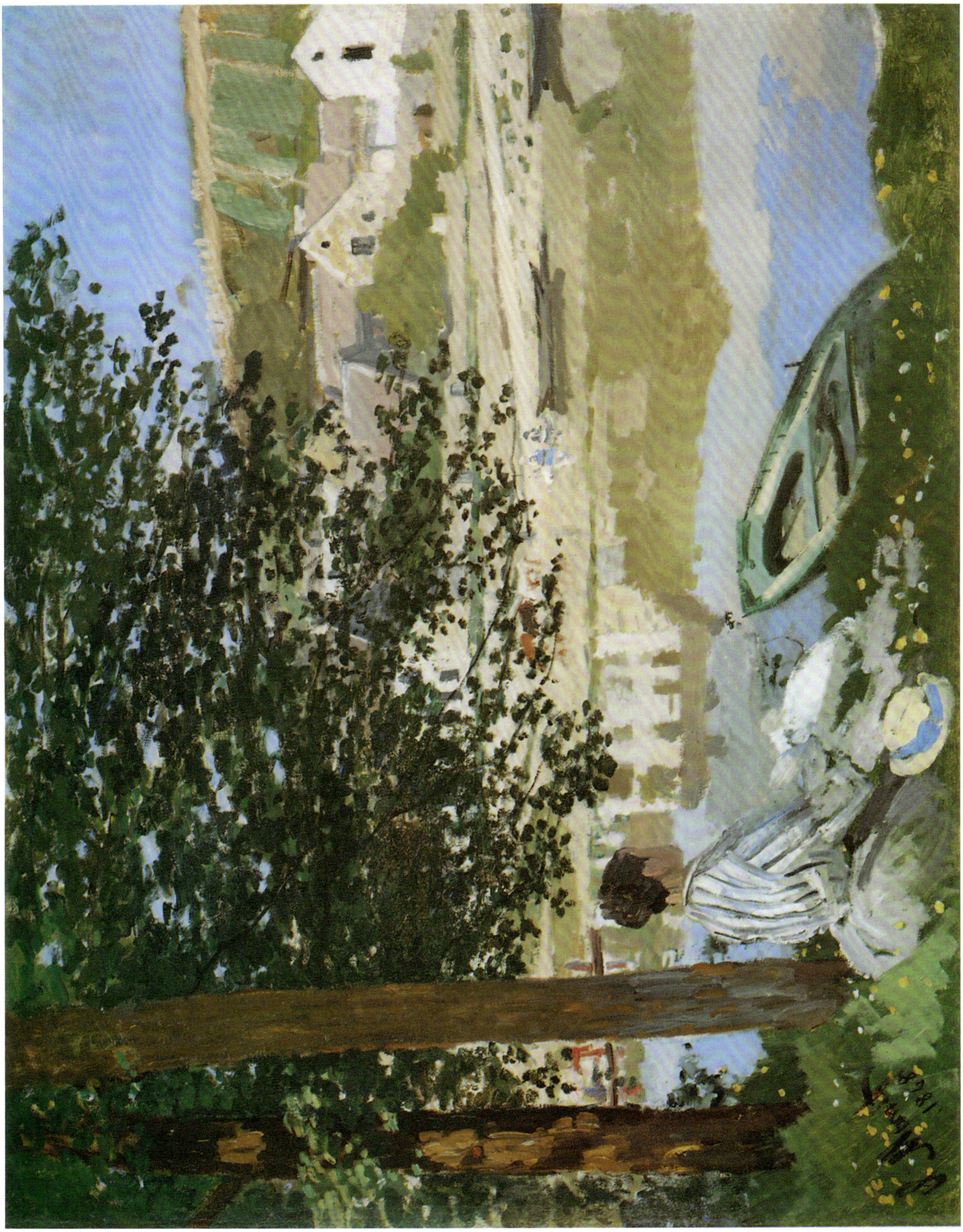

7   午餐（局部）
Detail from 'Luncheon'

1868年绘；布面油画；230cm×150cm；施特德尔美术馆，法兰克福

在1868年至1869年的冬天，莫奈、卡米耶和他们的儿子让（生于1867年）共同生活在埃特勒塔，《午餐》就是在这期间绘制的。它的画幅、精心设计的构图以及极高的完成度无一不证明这是一幅野心勃勃的作品，但它却被评委拒之门外，与1870年的沙龙失之交臂。四年后，这幅画成为被莫奈选入1874年第一届印象派群展的唯一的大型画作。

在某种程度上，这幅油画就是"生活的一个侧面"：一名访客站在窗边，卡米耶正在给让喂饭，前景处的座位虚席以待，正在等待一家之主也就是莫奈的落座。但这个显而易见别出心裁的画面却是谨慎策划的结果：通过分散的焦点，依赖被构图边缘切割的事物形状，以及凭借师从马奈的用来描摹画中要素的精细笔触，画面才得以呈现。为了突出瞬间感，许多元素——长面包、报纸和后方边柜上的小说——都与它们所在的台面的边缘相重叠，明亮的光线也令餐桌布惟妙惟肖。除了在夏尔丹（Jean-Baptiste-Siméon Chardin）的作品中，任何画中都极少出现这么丰盛的家常便饭。

图19
午餐

1868年绘；
布面油画；
230cm×150cm；
施特德尔美术馆，
法兰克福

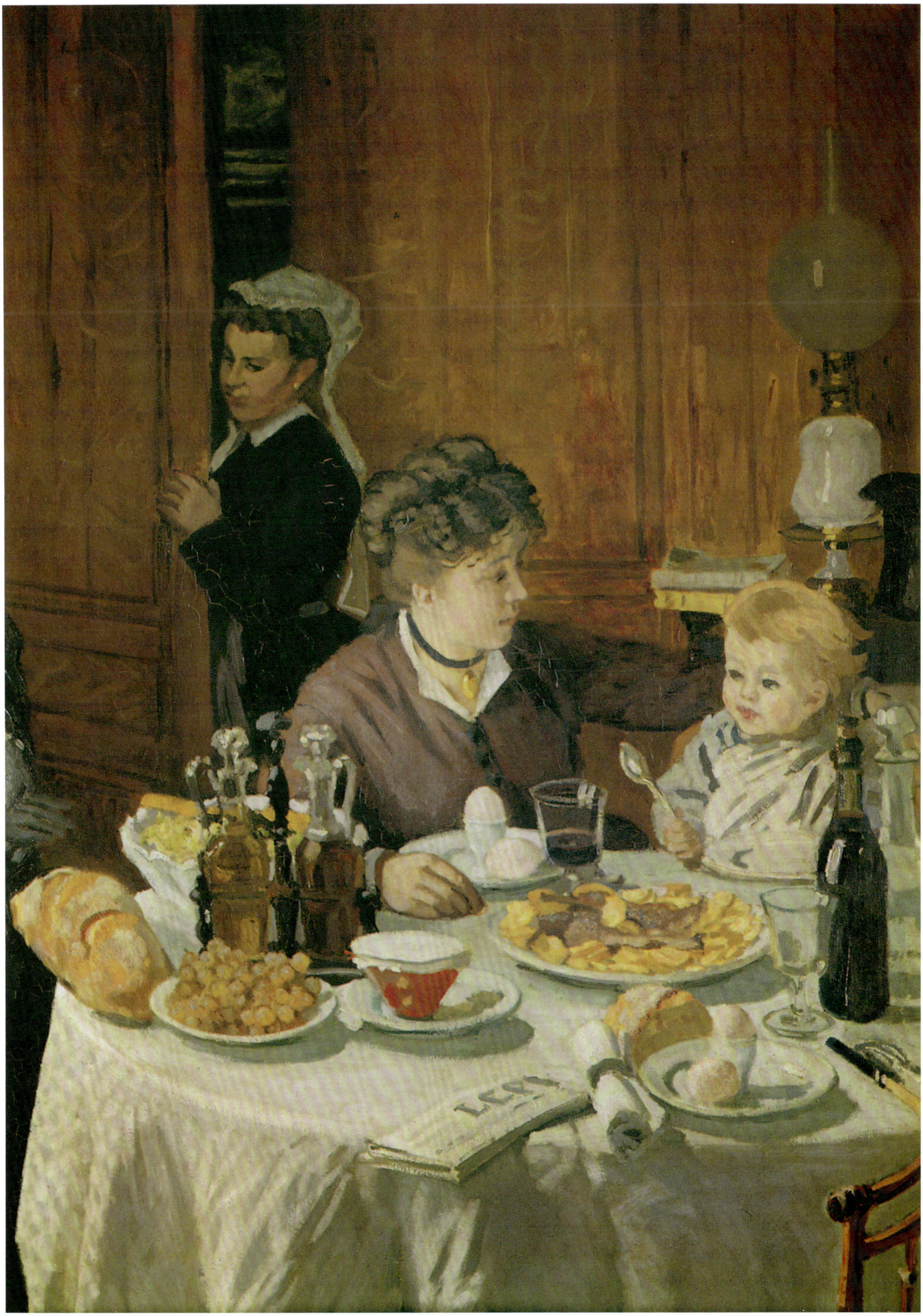

8 戴红色斗篷的女子
The Red Cape

1868—1869年绘；布面油画；100cm×80cm；克利夫兰艺术博物馆，克利夫兰

  《戴红色斗篷的女子》或许同样绘制于1868年至1869年冬天的埃特勒塔，与《午餐》（彩色图版7）约作于同一时期。但无论如何，二者都大相径庭。《戴红色斗篷的女子》并不是一幅为展览准备的完成品，它的画幅小，笔触也草率得很——事物形态都是用简单的平涂绘就的。此画与《午餐》虽然都是描绘瞬间的，但在这里呈现的却是最为稍纵即逝的人物姿态：卡米耶途经白雪覆盖的花园，在经过窗前时，匆匆往屋内一瞥。空空如也的室内与窗外穿红斗篷的人物形成了强烈的对比，而红色斗篷作为整个画面的视觉焦点，也被冷色调的窗棂推至中景。显然，这幅作品对莫奈来说有着特殊的含义：它是他为数不多的毕生都留在身边的早期作品。

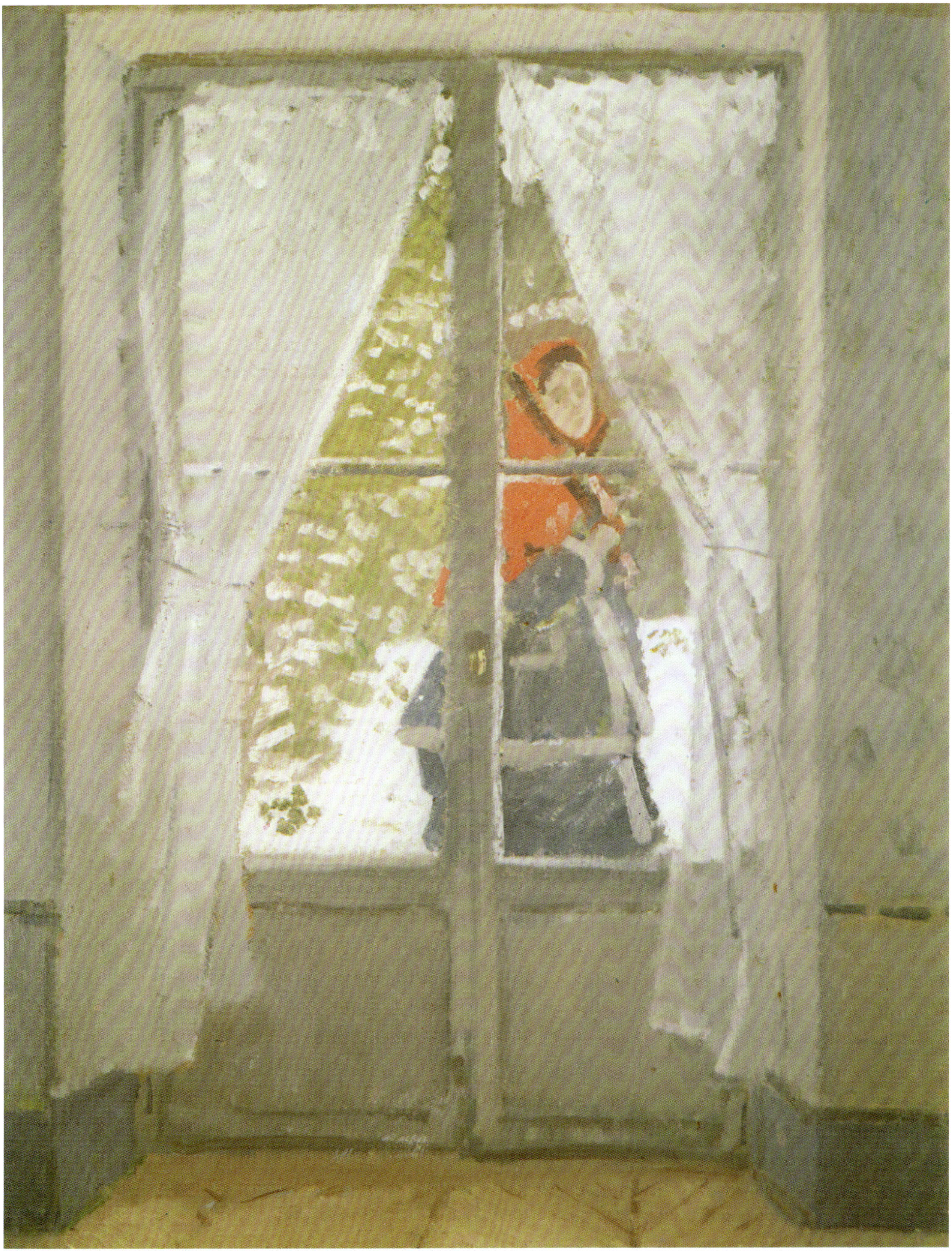

9 蛙塘
La Grenouillère

1869 年绘；布面油画；75cm×100cm；大都会艺术博物馆，纽约

在1869年的夏天，莫奈和雷诺阿一同在克罗瓦西岛（Ile de Croissy）上写生。克罗瓦西岛位于塞纳河上，在巴黎的下游，也在布吉瓦尔（Bougival）附近。二人同为次年的沙龙展览做准备，作品描画了克罗瓦西岛的游泳、划船设施，也就是人称"蛙塘"的地方。到头来，雷诺阿却没有在蛙塘绘制任何一幅大型作品；莫奈画过，作品很可能在1870年被送去沙龙参展，但现在却佚失了。

现存的与蛙塘相关的油画都只是这个项目中的习作——莫奈形容它们（彩色图版9和图20）为"糟糕的草稿"，但无论如何，二人凭借这个主题赋予的新自由，得以描画自然效果，特别是水面的自然动态。在《蛙塘》的前景中，莫奈用惊人的、由对比色调组成的色带去表现缓慢移动的涟漪中的倒影。在接下来的五年中，莫奈把在《蛙塘》习作中呈现的率尔恣意应用到了他完成度更高的油画作品中（见彩色图版13和16）。

图20
蛙塘

1869 年绘；
布面油画；
73cm×92cm；
伦敦国家美术馆，伦敦

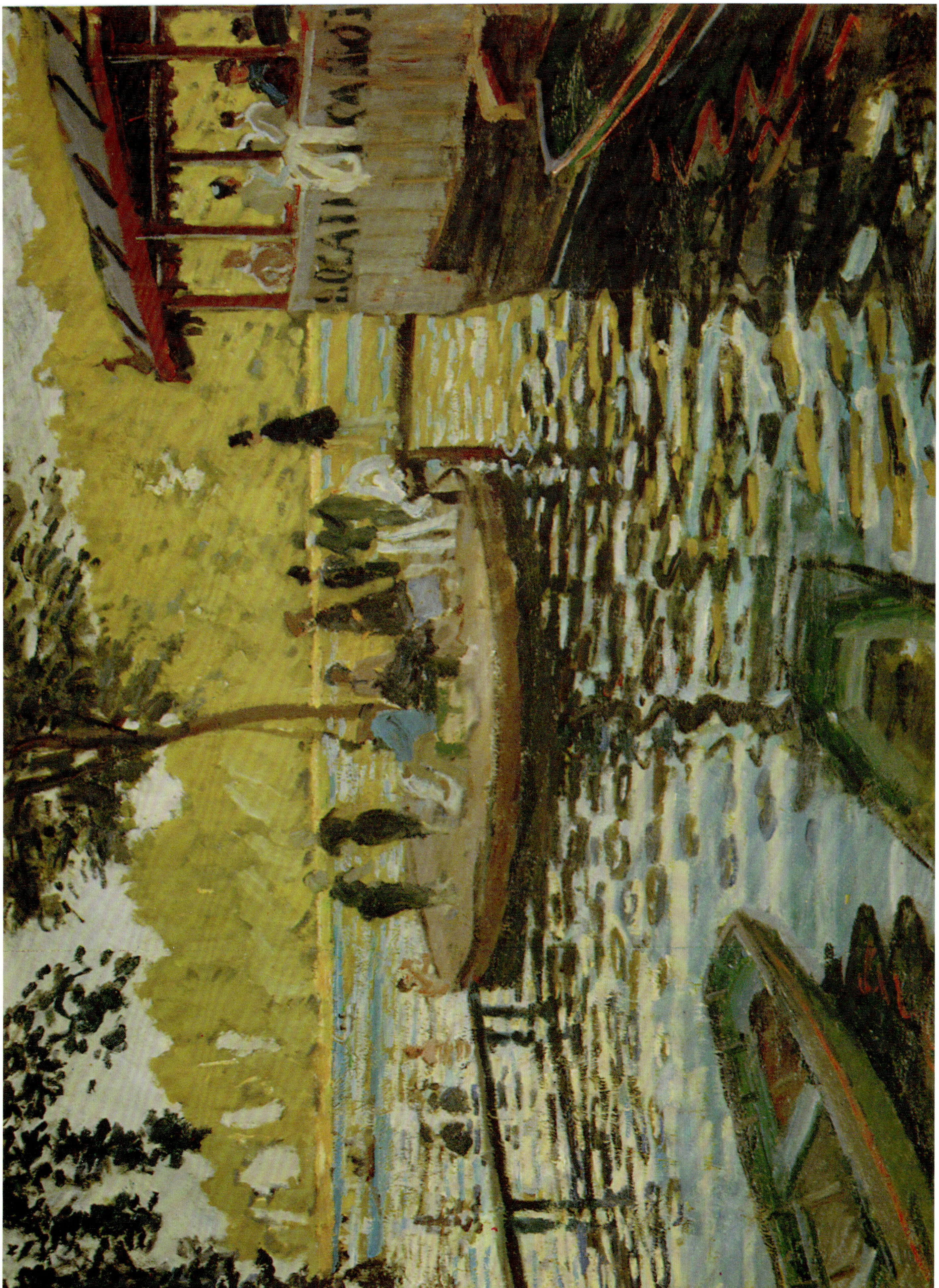

10

雪中的路维希安小路
Road at Louveciennes in the Snow

1869—1870年绘；布面油画；55cm×65cm；私人收藏

图21
卡米耶·毕沙罗
（1830—1903年）：
路维希安景象

约1870年绘；
布面油画；
52.5cm×82cm；
伦敦国家美术馆，伦敦

《雪中的路维希安小路》（*Road at Louveciennes in the Snow*）绘于1869年至1870年的冬天，画面不同于前一年夏天在不远的蛙塘所绘制的习作（彩色图版9）。尽管画幅较小，但其精致程度却要高于蛙塘的习作，它丰富且细腻的笔触说明：迄今为止，莫奈已经可以在挥毫落笔间表现出各式自然景物的质地了。在同一幅画中使用不同的笔法，被视作快速记录不同的自然景象的方法，恰好与此同时，这种方法也被毕沙罗和西斯莱采用（见图21），它逐渐成为早期印象派画作的主要特征。在同一个冬天里，毕沙罗和西斯莱也在路维希安创作，并且毕沙罗和莫奈都选择描绘了同一条小路，只不过毕沙罗笔下的画面是雨天，而非雪天（藏于马萨诸塞州威廉斯敦的斯特林和弗朗辛·克拉克美术馆）。

莫奈画面中的空间和氛围是由主色调伴以细微的颜色变化来呈现的，但在莫奈早期阳光普照的画面中，则是用醒目的色块来呈现的。

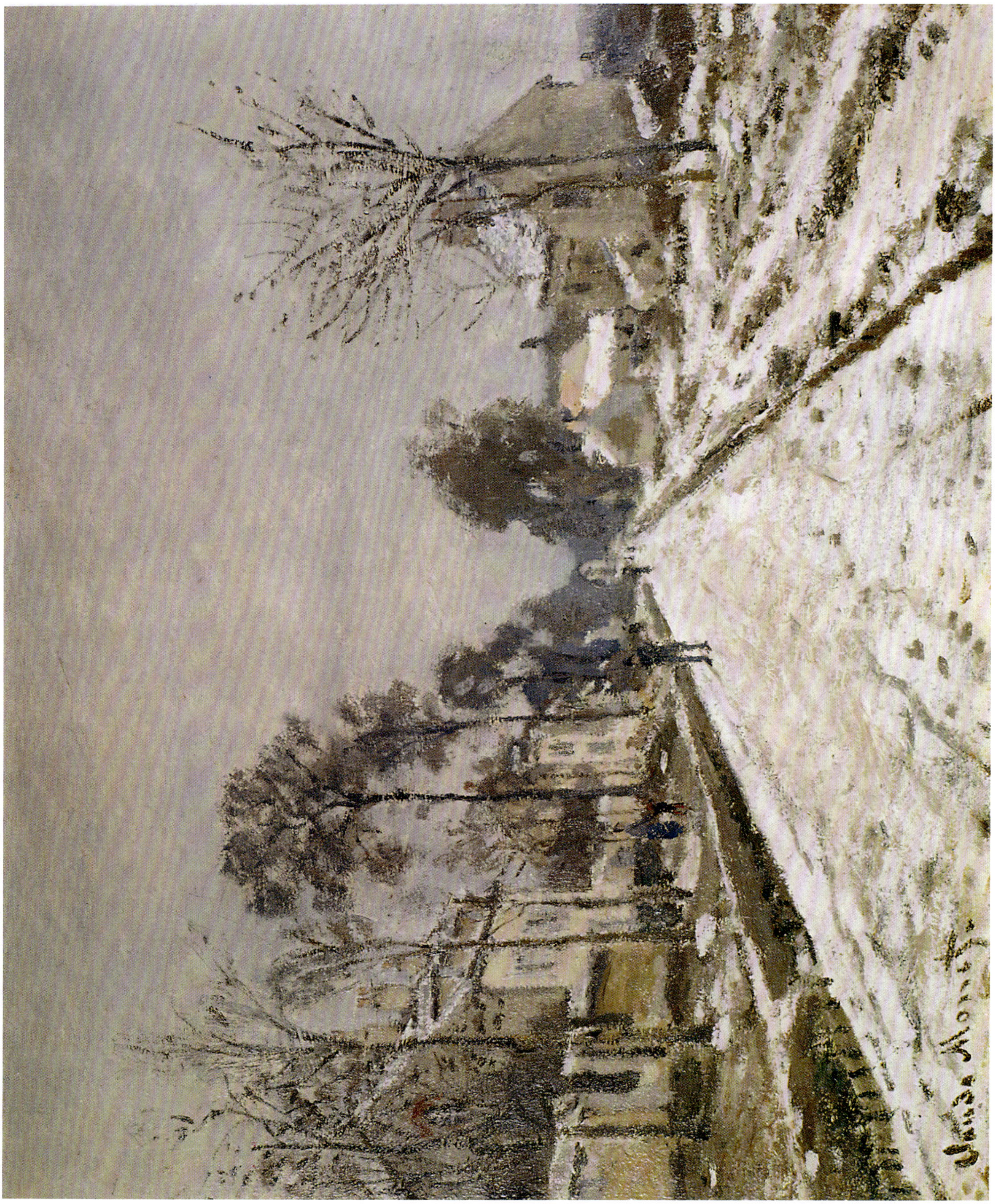
Claude Monet

11 国会大厦和泰晤士河
The Thames and the Houses of Parliament

1870—1871年绘；布面油画；47cm×73cm；伦敦国家美术馆，伦敦

在《国会大厦和泰晤士河》中，莫奈首次去描绘雾霭朦胧的效果，它作为一种奠定整体基调的手段（见彩色图版15、24、37、41、42），其重要性在莫奈此后的作品中日益显著。在画中，天空和水面是用带有细微差异的灰色、黄色和粉色画出的，与朦胧的国会大厦轮廓和近景处栈桥的清晰轮廓形成反差。画面洗练、简洁，令人联想到惠斯勒，那时的惠斯勒正在创作第一幅《泰晤士河上的夜曲》（*Nocturnes on the Thames*，图22）。不论如何，《国会大厦和泰晤士河》画中精准的轮廓表明：画作本就是作为一幅高度完成的独立作品而存在的，这点和1872年草草绘就的《日出·印象》（彩色图版15，同时参见彩色图版14的文字讲解）截然不同。

当莫奈在创作这幅画时，画面中所有的元素都刚刚落成，包括国会大厦、新的西敏桥（Westminster Bridge）、维多利亚堤岸（Victoria Embankment）和圣托马斯医院（St Thomas's Hospital，在左手的远景中）。当下，画中的这些景观可以算是伦敦的传统中心了，但在1871年，它们是伦敦城市建设的主要体现，也是在那时唯一可与奥斯曼男爵新晋重修的宏伟巴黎相媲美的伦敦城市景观。

图22
詹姆斯·惠斯勒
（1834—1903年）：
蓝色和绿色夜曲：
切尔西

1871年绘；
布面油画；
48cm×60cm；
伦敦国家美术馆，伦敦

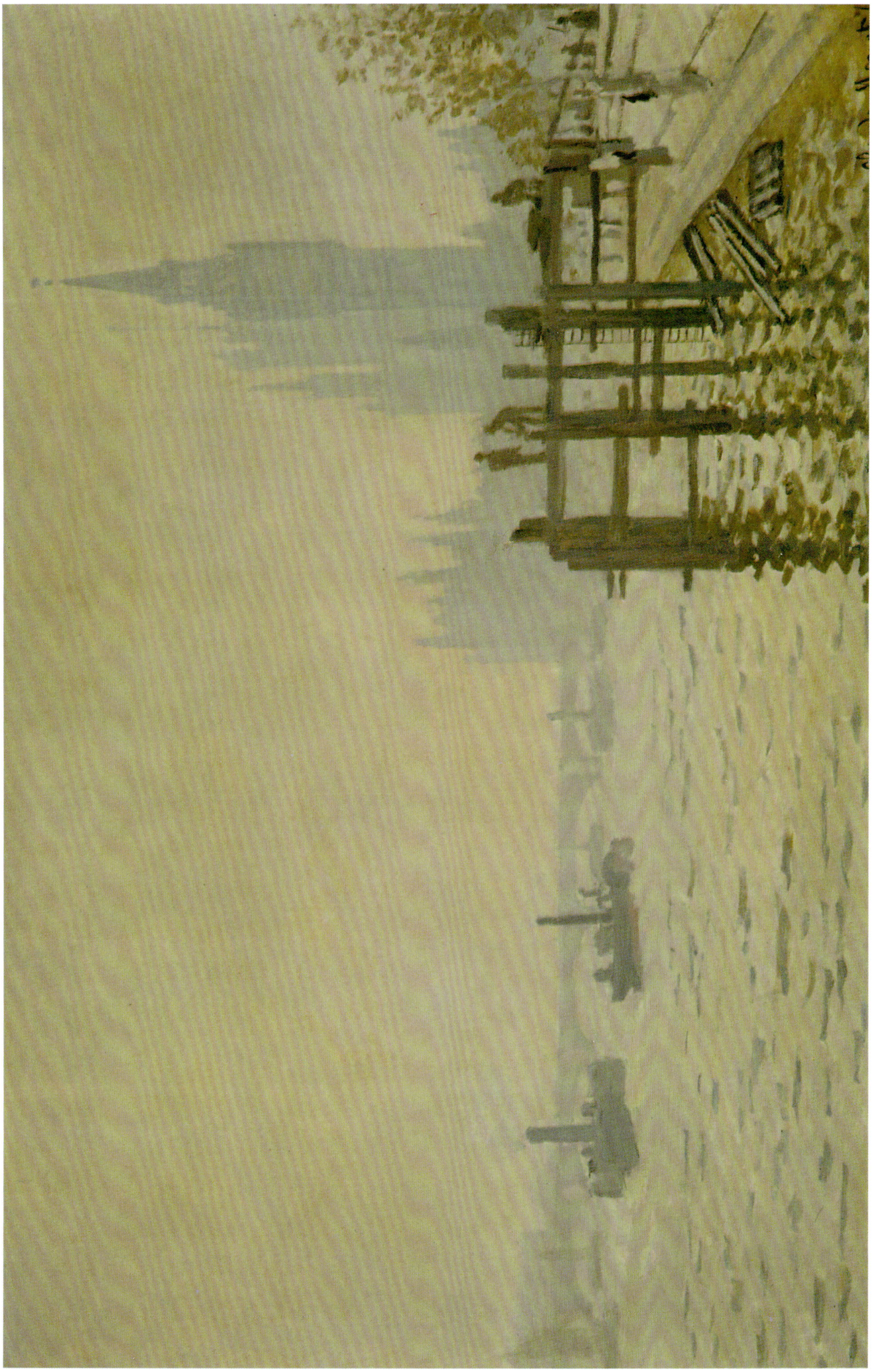

12　绿色花园
Green Park

1870—1871年绘；布面油画；34cm×72cm；费城艺术博物馆，费城

《绿色花园》（*Green Park*）与《国会大厦和泰晤士河》（彩色图版11）都是莫奈在伦敦躲避普法战争期间绘制的。画中的公园面向西方，右侧是皮卡迪利大街的屋顶，在雾霭蒙蒙的背景中，隐约可见在宪法拱门上的威灵顿公爵马上雕塑的轮廓。1883年，宪法拱门被搬迁至当今的位置时，这尊雕塑被移除了。

在维多利亚时期的绘画中，鲜见对伦敦公园的描绘。在英国，这类主题从不会表现像《绿色花园》中的超然和对情感的回避。这种淡然置之的态度源于法国当时的地质版画（见彩色图版4）和波德莱尔的文章《现代生活的画家》（1863年出版）。但通过精准的社会观察，凭借着随手拾掇的几笔，莫奈驾轻就熟地画出了经常光顾"绿色花园"的几种人物类型，甚至连画面右侧小路上的小人——育儿嫂和她们看护的孩子都画了出来。马奈在他的作品中采用过类似的视角，例如1867年的全景绘画作品——《世界博览会》。

图23
爱德华·马奈
（1832—1883年）：
世界博览会

1867年绘；
布面油画；
108cm×196.5cm；
奥斯陆国家美术馆，
奥斯陆

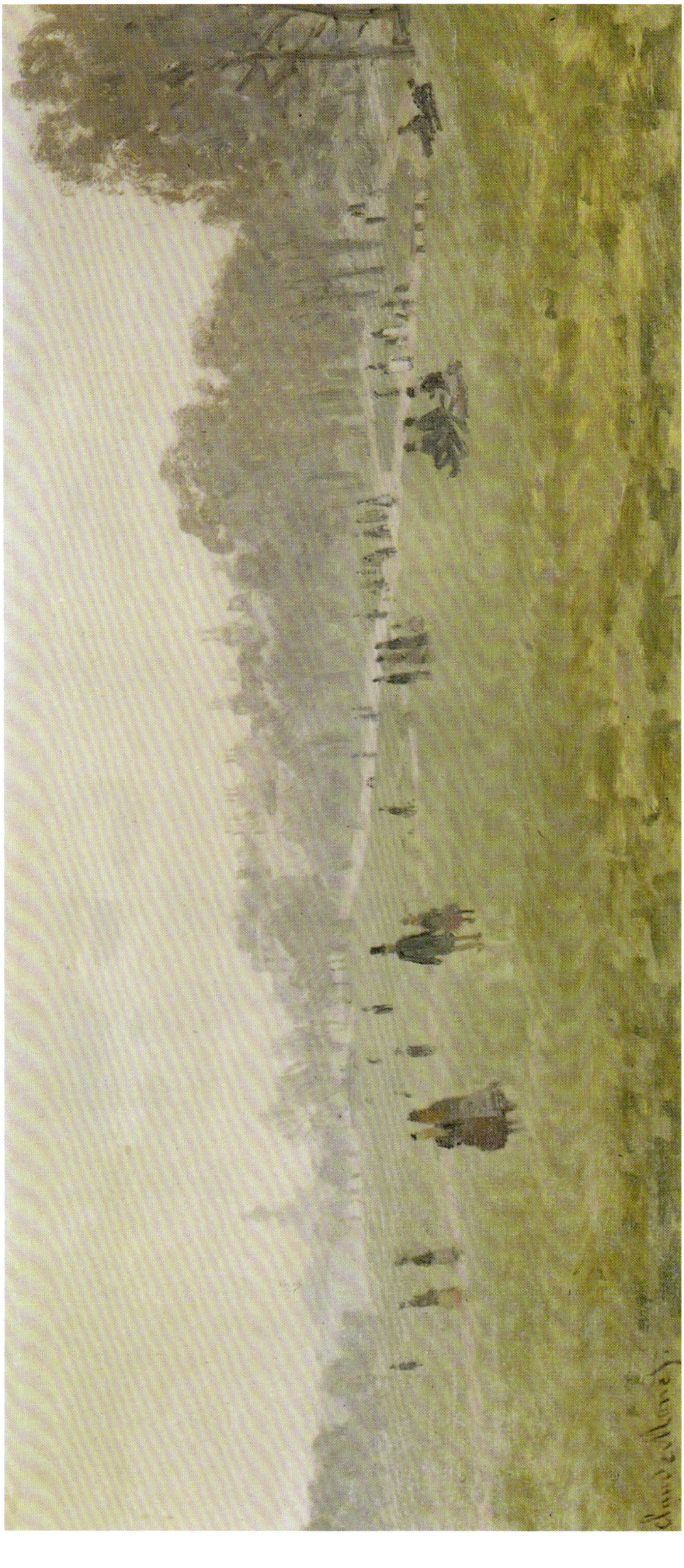
Claude Monet

13 赞丹港
The Port of Zaandam

1871年绘；布面油画；47cm×74cm；私人收藏

图24
赞丹附近的磨坊

1871年绘；
布面油画；
40cm×72cm；
沃特斯艺术博物馆，
巴尔的摩

　　《赞丹港》（*The Port of Zaandam*）是莫奈于1871年从伦敦返回法国途中，在荷兰落脚的5个月期间绘制的。赞丹位于赞河（Zaan）之上，它坐落在阿姆斯特丹西北，在当时仍是一个风景如画的区域性贸易中心。莫奈聚焦于赞丹岸线上的旧房子，还有在周边乡间由星罗棋布的风车构成的开阔全景，《赞丹附近的磨坊》（*Mills near Zaandam*，图24）便是一例。

　　《赞丹港》强烈的色调对比是为了表现逆光下的日落，用来表现天空的浓艳色彩是以潇洒的点擦绘就的，这点继承了《蛙塘》（彩色图版9）处理前景的倒影时运用的手法。画面构图紧凑，画桅杆上旗帜的纤毫笔触与大面积的水中木质结构相对应。画布上的这些元素，加上水中的倒影，共同构成了一个与众不同的轮廓。

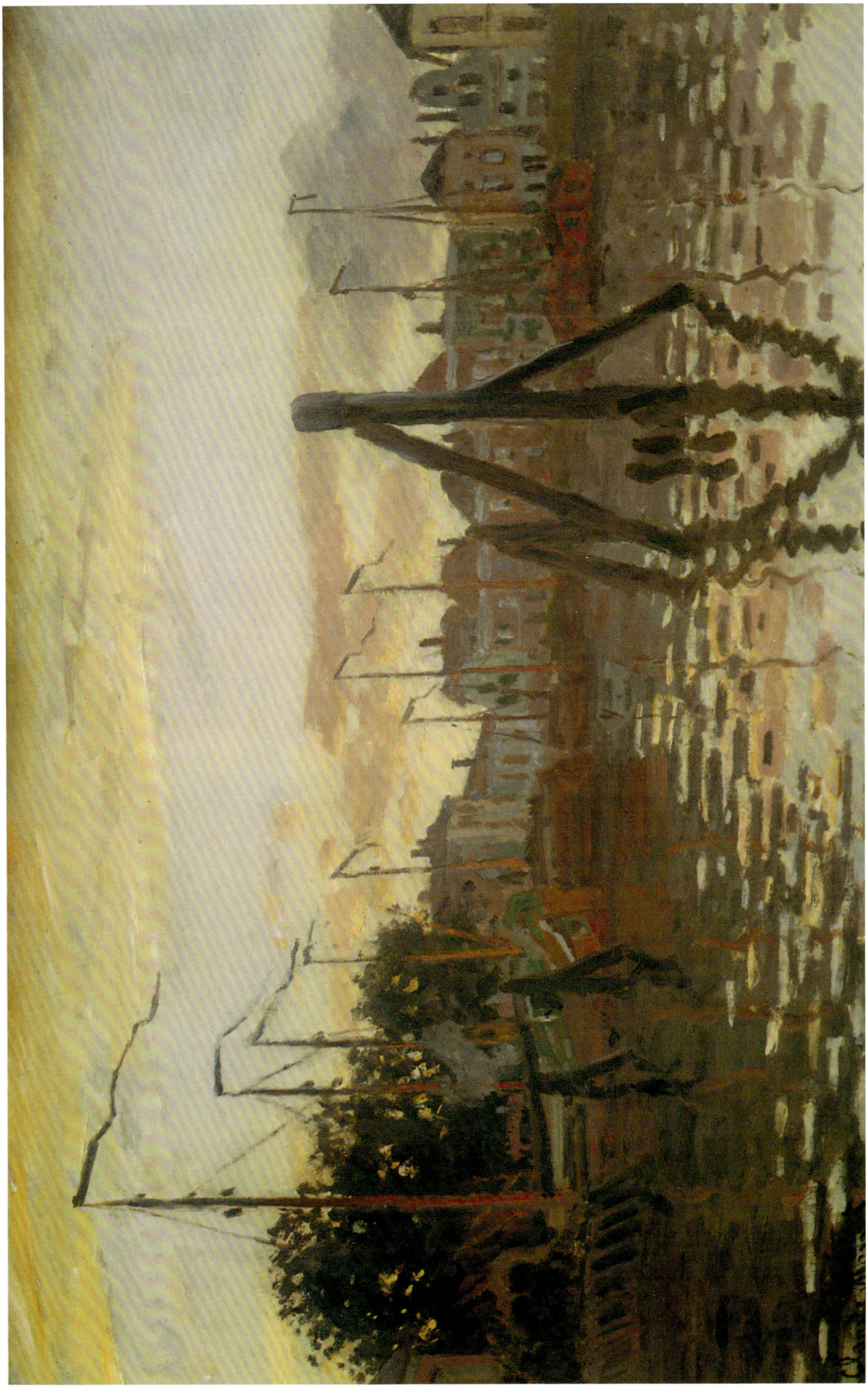

14　阿让特伊河畔小径
The Riverside Walk at Argenteuil

1872年绘；布面油画；50.5cm×65cm；华盛顿国家艺术博物馆，华盛顿

在1871年回到法国后，莫奈定居阿让特伊，阿让特伊是塞纳河畔的一个小镇，在距离巴黎不远的下游。那时，阿让特伊是划船和郊区游胜地，但部分区域也开始了工业化进程。《阿让特伊河畔小径》就展现了该地的不同侧面，有小船、精致的度假村还有工厂烟囱。不论如何，莫奈都尽可能地对景致中的不同元素一视同仁：构图中垂直线条的船帆、烟囱、树干和高耸的屋顶都被给予了相同的关注，因为对于莫奈来说，眼前的元素缺一不可。

尽管《阿让特伊河畔小径》画幅不大，却精致有余，景物轮廓清晰明了，更重要的是，画面构图十分传统，由近及远的透视引领着视线深入画面，只有在对象的现代性和光线的清晰度上，该画才能与多比尼（Charles-François Daubigny）这样的前代风景画家笔下的河流景象有所区分。同样是在这一年的夏天，西斯莱也在塞纳河上的村镇写生，画中笔触同样清晰，但笔法却灵活多变（见图25）。莫奈和西斯莱的这类画作极度精致细腻，正是19世纪70年代早期卖给画商——如迪朗-吕埃尔——的那类作品，它们与令印象派在早期"臭名远播"的快速习作有着天壤之别。

图25
阿尔弗雷德·西斯莱
（1839—1899年）：
新城拉加内的大桥

1872年绘；
布面油画；
49.5cm×65.5cm；
大都会艺术博物馆，
纽约

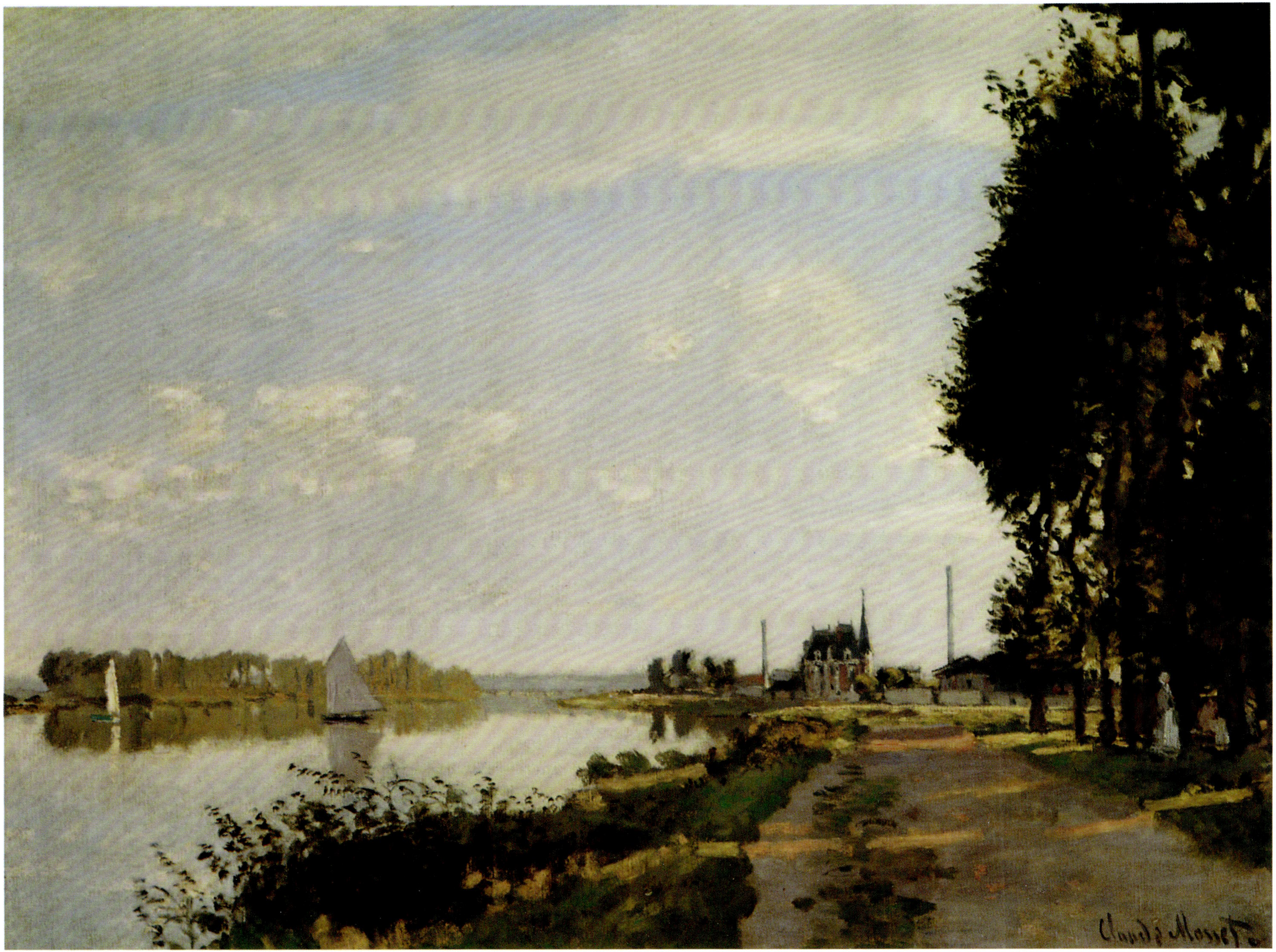
Claude Monet

15 日出·印象
Impression, Sunrise

1872年绘；布面油画；48cm×63cm；玛摩丹莫奈美术馆，巴黎

　　《日出·印象》曾在1874年春天莫奈及其朋友共同组织的群展上展出，评论家路易·勒罗伊对画的标题加以指摘，并借此命名这群艺术家为"印象派"。这一名称被沿用了下来，但却从未被这群艺术家诚心接纳。画面呈现了雾中的勒阿弗尔港口，很显然，画作逸笔草草，粗疏的彩色笔触扫过画面，构成的最终画面没有一丝细节冗余。从这一点来看，此画与当时莫奈的大多数创作都不尽相同（见彩色图版14），莫奈在后来指出，他之所以命名该画为"印象"，是因为"它并不能被定义为勒阿弗尔的景象"，这样也就与莫奈在同年展出的更具地形特征的其他户外图景区别开了，比如《卡布辛大道》（图7，彩色图版7也参加了该展览）。"印象"一词在当时已经广为使用，用于形容用草率的笔触去记录瞬间的光线和空气效果。这类习作是19世纪70年代莫奈作品中的重要组成部分，但它们并不能代表莫奈和他同伴在这一时期的全部艺术作品，在认识这类习作时，人们需联系其他更精致的油画作品，画家们常常会将习作和更精致的作品并置展出（见彩色图版22和24）。

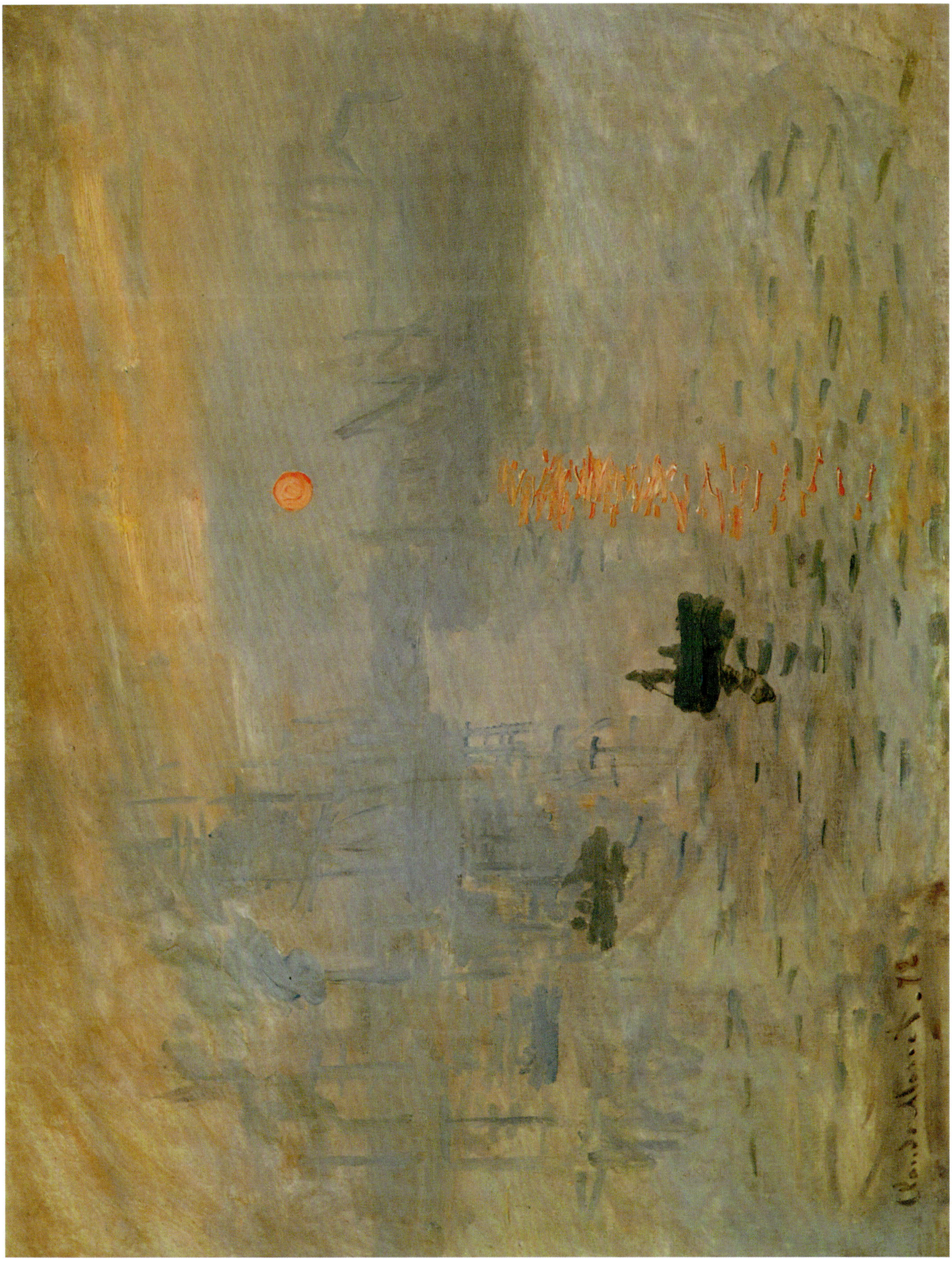

16　阿让特伊的秋
Autumn at Argenteuil

1873年绘；布面油画；56cm×75cm；考陶尔德美术馆，伦敦

在明媚、艳丽的画面中，莫奈率先尝试使用了更浅、更亮的颜色（见彩色图版5）。在《阿让特伊的秋》（Autumn at Argenteuil）中，莫奈彻底放弃了明暗对比法，但在此之前，明暗对比始终主导着画面，甚至在此前不久的作品《阿让特伊河畔小径》（彩色图版14）中也不例外。相反，这幅作品中的光线和空气是通过对丰富的亮色的把玩来实现的。蓝色及其对比色橙色占据着画面主体，此外还加入了有着细微变化的粉色、绿色和其他色彩。距离并非通过传统上的透视来实现的，而是通过朦胧的颜色和水面上逐渐变小的笔触来呈现的。在落叶处的厚重涂层上有一些划痕，它们主要集中在右侧树丛的位置，这些划痕在莫奈的作品中并不常见，很可能是用笔杆划出来的，莫奈或许想通过它们让树木变得更加生动。而树木则是用厚重的油彩绘就的，鲜见于这时期的其他作品（与彩色图版17和37做对比）。画面中，阿让特伊面向塞纳河的主河道，和观者之间隔着塞纳河的回水区。带尖顶的房子，也就是靠近画面左侧的教堂，在彩色图版14和20中分别以不同的角度出现过。

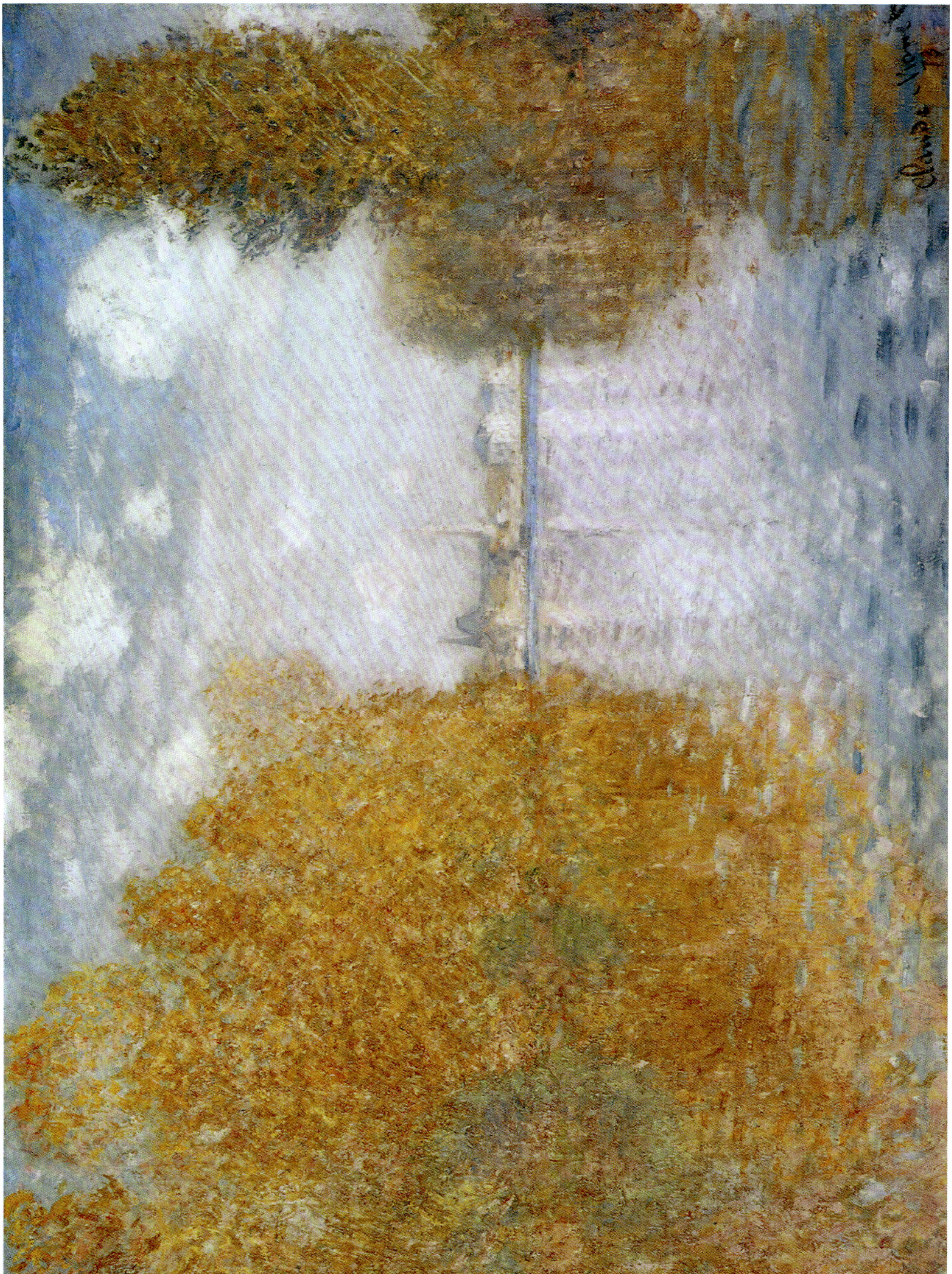

17 夏日·草场
Summer, the Meadow

1874年绘；布面油画；57cm×80cm；柏林国立美术馆，柏林

  在阿让特伊绘制的作品手法各不相同，为了呈现眼前形形色色的自然效果，莫奈探寻了为它们量身定制的技法（见彩色图版16、18和20）。《夏日·草场》（Summer, the Meadow）的手法颇为清新、疏简，加粗的笔触恰到好处，使观者的视线恰能落在前景处和树苗的嫩叶上。连主要的人物形象都是用简单的色块绘就的，比起画面中的其他元素，它们的笔触并没有更加精细。画作的构图与其手法一样，都十分简约，树木和人物随意地散落在画面四处，但两棵较高的树以一种不起眼的方式将视线引到了坐着的女人身上。画中没有清晰的、用以表现空间远近的透视，距离通过背景的浅蓝色呈现，还通过阳光下的草地和树木的浅绿和浅黄来表现。这幅画作可与1886年创作的描摹相似景象但更加精致的《春》（Spring）相比较（彩色图版31）。

  《夏日·草场》于1876年在第二届印象派群展上展出。

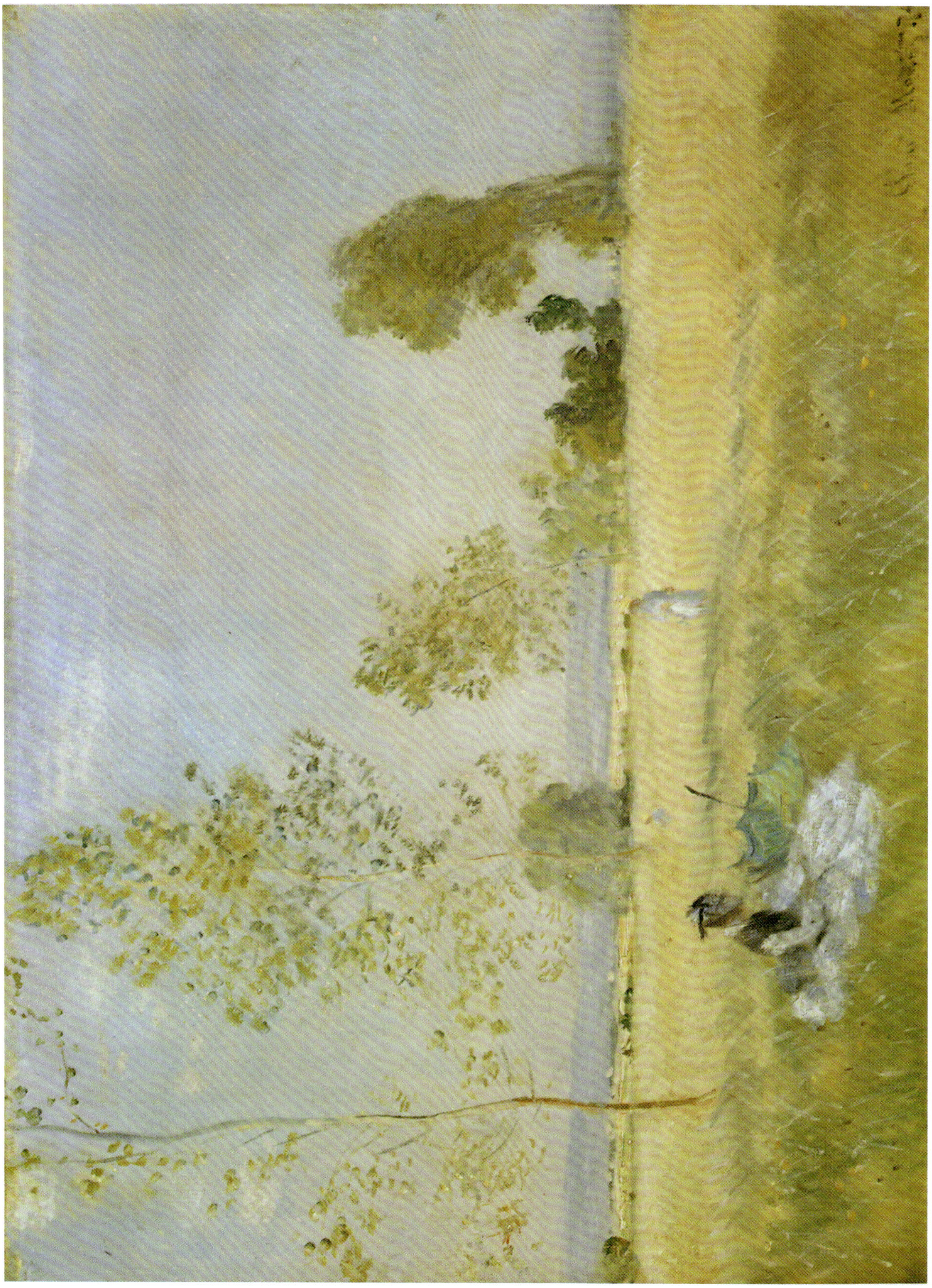

18 阿让特伊的公路桥
The Road-Bridge at Argenteuil

1874 年绘；布面油画；60cm×80cm；华盛顿国家艺术博物馆（保罗·梅隆夫妇收藏），华盛顿

图 26
阿让特伊·修建中的大桥

1872 年绘；
布面油画；
60cm×80.5cm；
私人收藏

莫奈在阿让特伊最钟爱的题材就是河流以及河上的帆船（见彩色图版 14 和 20）。在部分图像中，公路桥赋予了画面一个建筑般的坚固结构，与它形成对比的，是《阿让特伊的公路桥》(*The Road-Bridge at Argenteuil*) 中线条纤细的桅杆和绳索，后者在开阔的水域构成了一组网格线，将远处岸上在树丛掩映下的房屋框在了两条有力的垂直线间。

水中破碎且加粗的笔触与背景中较为柔和细腻的笔触形成了反差。蓝色作为冷色，被用于描画大桥的阴影和远处的树丛，与它形成反差的，是用于描画阳光直射处和阳光反射处的桥梁底侧的暖色调。

1872 年，莫奈首次描画阿让特伊的公路桥（图 26），那时，桥梁正在重修，之前的桥身在普法战争中受损。

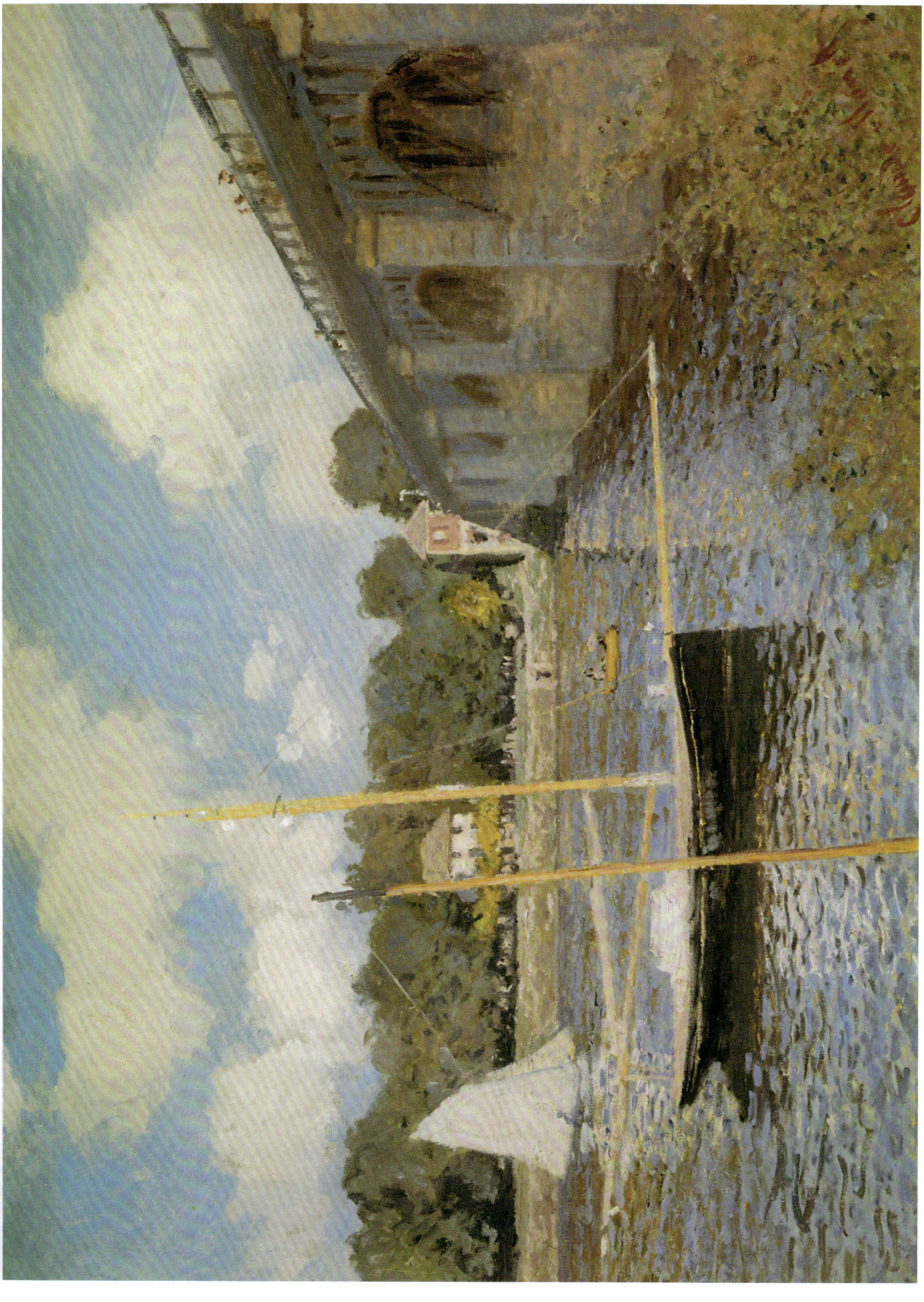

19 阿姆斯特丹南教堂
The Zuiderkerk, Amsterdam

约绘于 1874 年；布面油画；54.5cm×65.5cm；费城艺术博物馆，费城

　　《阿姆斯特丹南教堂》(*The Zuiderkerk, Amsterdam*)是莫奈第二次造访荷兰时绘制的一系列作品之一。令人费解的是，没有任何证据可以确定这趟旅行的日期，但这批作品很显然晚于 1871 年莫奈在赞丹创作的那批作品（彩色图版 13），因为它们的笔触更加破碎、斑驳，这些画面自始至终都是由不断破碎的纹理构成的，并且颜色也更加明亮、浅淡。就风格而言，这些油画属于 1874 年前后的作品，但这样一来，该行程就与我们所知的莫奈生平中该时段的情况不相符了。

　　在阿姆斯特丹，莫奈主要在旧镇的运河上作画，运河两岸是鳞次栉比的塔楼和房屋，它们是自 17 世纪以来，荷兰地志绘画传统中的常见题材。然而，与其聚焦于建筑的细部，莫奈反而凭借着一系列纤毫笔触，呈现出了使画面浑然一体的光感。无论是在荷兰还是法国，那时的莫奈都钟情于同一类的题材，也就是人造景观。纵观 19 世纪 70 年代，莫奈都将主要精力投放在城镇和村庄上，与他在 19 世纪 80 年代中更加戏剧化的、渺无人烟的画面（见彩色图版 32、33、36）恰恰相反。

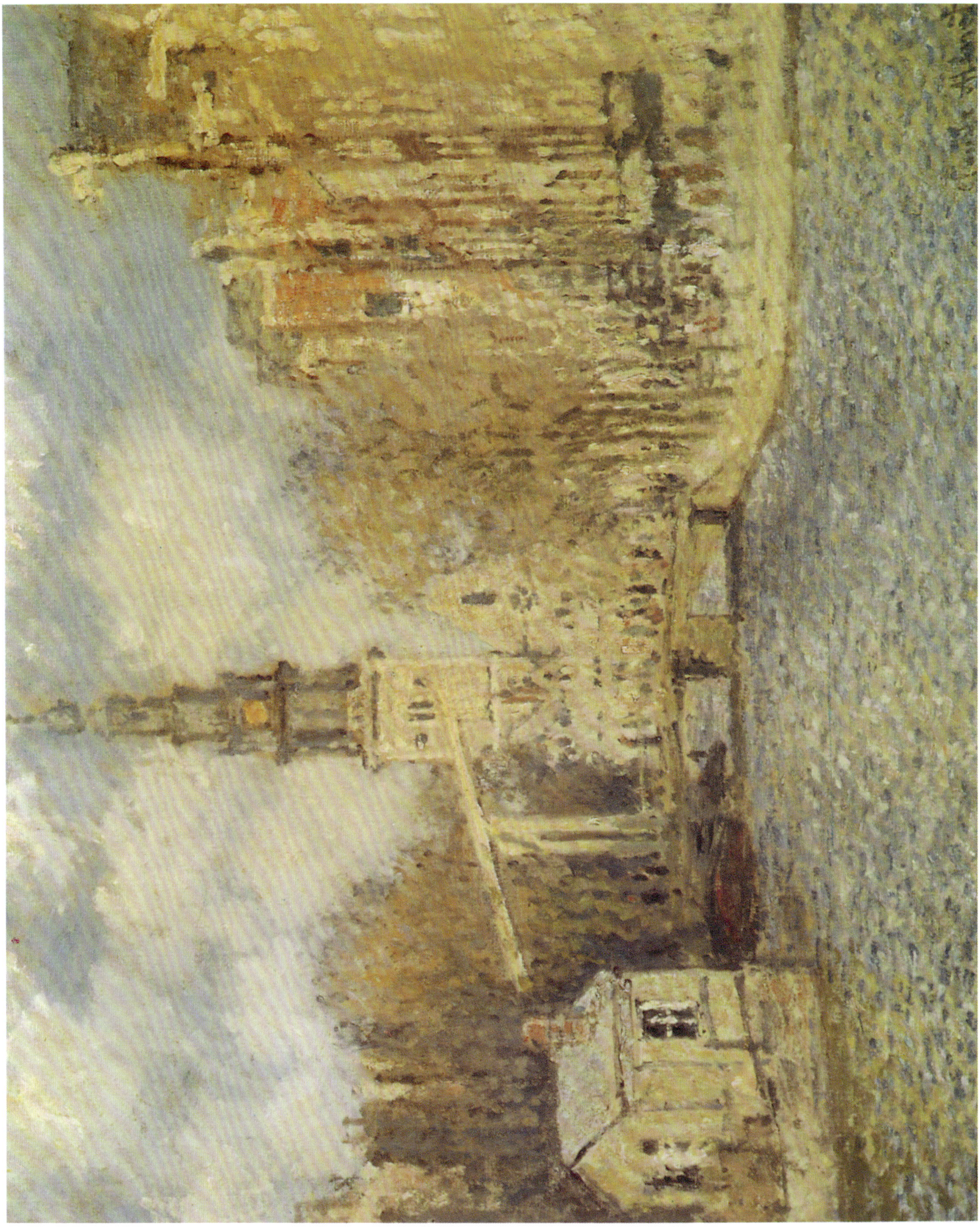

20　阿让特伊红船
The Red Boats, Argenteuil

约 1875 年绘；布面油画；55cm×65cm；橘园美术馆，巴黎

在《阿让特伊红船》(*The Red Boats, Argenteuil*)中，凭借大面积的破碎笔触和斑驳色彩，莫奈呈现了一个闪闪发光的夏日景象，连天空和帆船都在纹理的微妙变化下变得栩栩如生。19 世纪 70 年代早期的画面，是以简单、大面积的色块为特征（见彩色图版 14），但在该画中，这些色块却彻底地被斑斓的色彩替代。在描画树木时，由明到暗的过渡是通过色阶的变化来呈现的——先是黄色，再到黄绿色，再到绿色，最后到浅淡但明亮的蓝色。这种蓝色在水中倒影中二度出现，旨在创造一系列横贯画面的冷色调，与主导画面的光感和强烈的橘红色屋顶、帆船相平衡。

1874 年，马奈画下了正在船屋画室中创作的莫奈（图 27），该画的背景与《阿让特伊红船》的一样。为了方便追寻户外的效果，莫奈约在 1873 年购入这条小船（见图 6）。在马奈的画面中，地平线的地方可看见工厂的烟囱，这些烟囱同样也曾出现在《阿让特伊河畔小径》（彩色图版 14）中，两幅作品中描绘的是同一河段，却分别是在相对的河岸上绘制的。但在《阿让特伊红船》中，莫奈有意忽略了这些区别，或许是为了在这幅描摹度假和划船的画面中，突出一种更加悠闲的气质。

图 27
爱德华·马奈
（1832—1883 年）：
莫奈在他的船屋画室中创作

1874 年绘；
布面油画；
80cm×100cm；
慕尼黑巴伐利亚州立绘画馆收藏

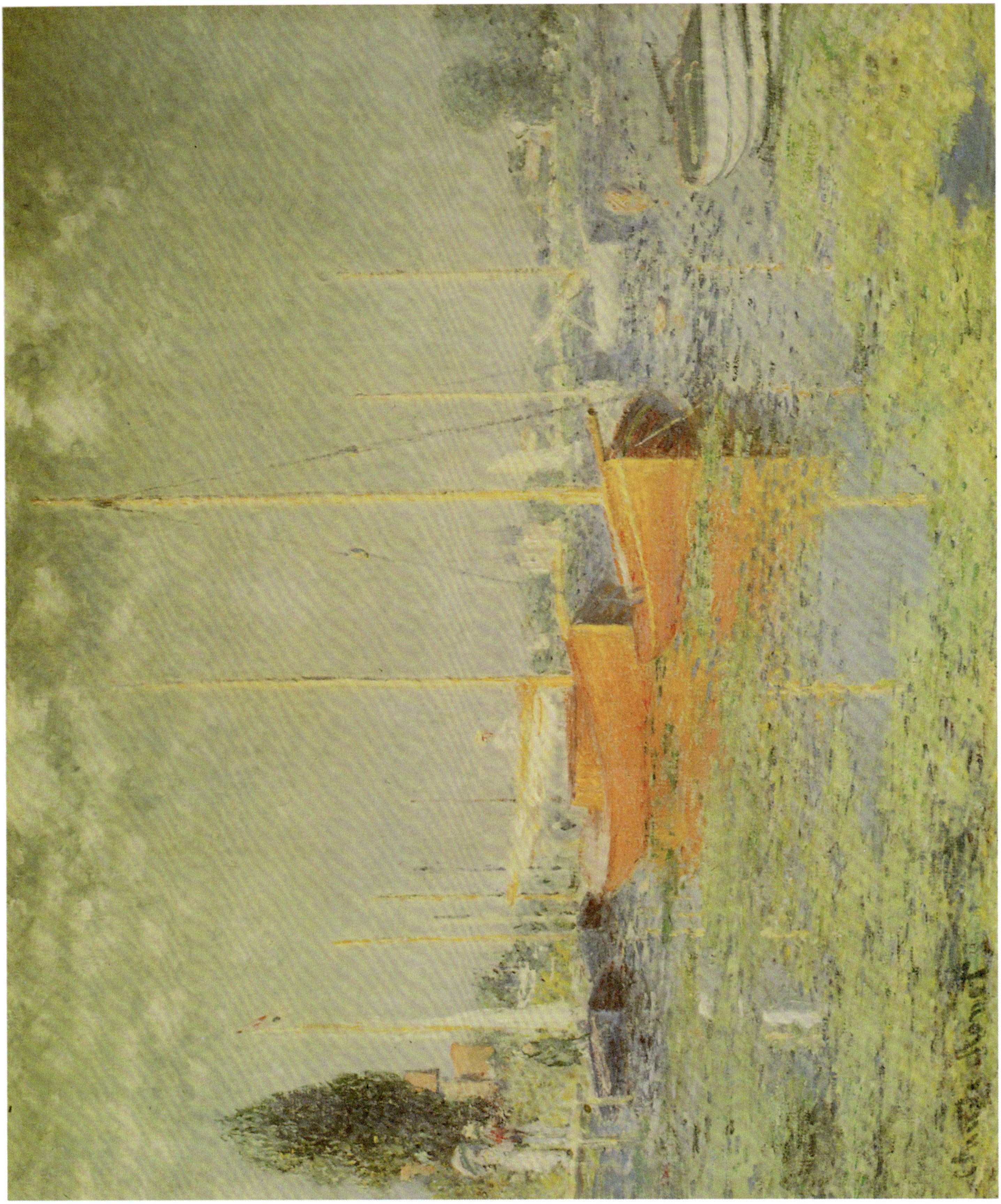

21 撑阳伞的女人
The Promenade, Woman with a Parasol

1875年绘；布面油画；100cm×81cm；华盛顿国家艺术博物馆（保罗·梅隆夫妇收藏），华盛顿

在19世纪70年代里，莫奈继续绘制日常人物画，其场景多在室外，其中模特也多是他的妻子卡米耶。卡米耶与他们的儿子让（Jean）一起出现在了《撑阳伞的女人》（The Promenade, Woman with a Parasol）中，画中的她好似在半路上被叫住了一样，回头匆匆一瞥。那转瞬即逝的、引人注目的姿态让人们想起莫奈在19世纪60年代后半段画过的人物姿势，那时的莫奈正在探索绘制人物画的一种真实无妄的现代范式（参见彩色图版3和8）。

《撑阳伞的女人》是在室外一气呵成绘就的，它于1876年在第二届印象派展览上展出，同时展出的还有莫奈的另一幅画《日本印象》（图28）。在这幅精致的巨幅油画中，卡米耶头戴一顶金色假发，身着一件奢华的和服。无论是画幅还是人物姿态，《日本印象》都是在有意重复十年前的另一幅画——《身着绿裙的卡米耶》（Camille, Woman in a Green Dress，彩色图版3）。《日本印象》是最接近阿尔弗雷德·斯蒂文斯（Alfred Stevens）这样的画家笔下的时髦人物的一幅画了。由于急需一笔款项，在1876年，莫奈以两千法郎的价格将该画出售，但后来，他指责该画是"垃圾"。相比之下，莫奈之后的一些人物画则沿袭了《撑阳伞的女人》的套路，其中人物都置于室外和自然光下。

图28
日本印象

1875—1876年绘；
布面油画；
213.5cm×142cm；
波士顿美术馆，波士顿

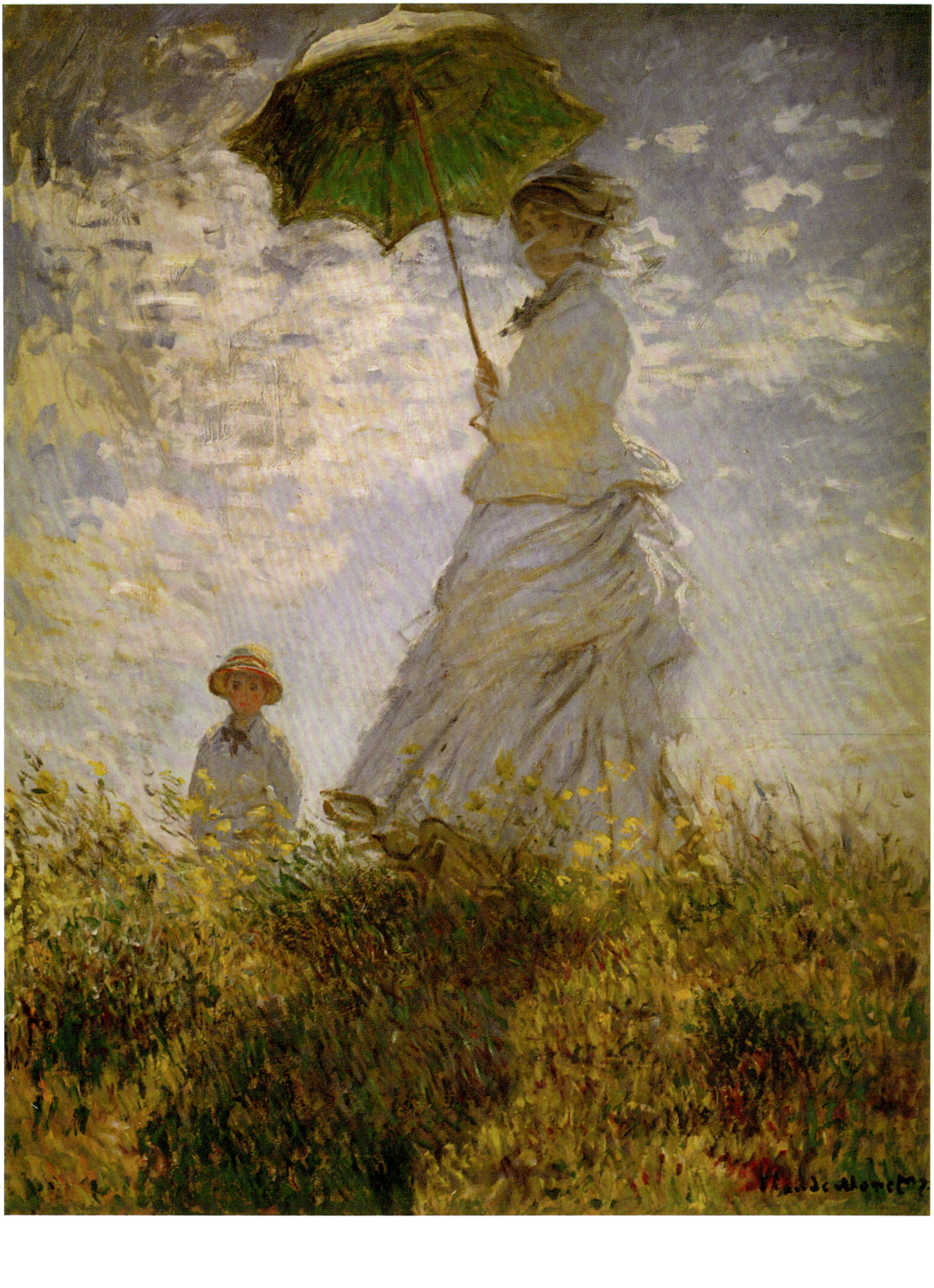

22 欧洲大桥
The Pont de l'Europe

1877年绘；布面油画；64cm×81cm；玛摩丹莫奈美术馆，巴黎

在1877年的第三届印象派展览上，莫奈展出了8幅关于圣拉扎尔火车站及其周边景象的作品，其中之一就是《欧洲大桥》(The Pont de l'Europe)。画中呈现了公路桥的主体，桥身横跨铁道，铁道上的火车正在出站。《欧洲大桥》是快速绘就的，画中的烟雾也是随手拾掇而成的，算是莫奈最为写意的手法了。然而，和1874年的展览一样（彩色图版15），莫奈将《欧洲大桥》与其他精致得多的画作并排展示，其中就包括著名的、刻画细致的《圣拉扎尔火车站》(The Gare Saint-Lazare，图29)，后者是这组作品中最大的，也是最精致的。

由于题材和构图的多样性，圣拉扎尔火车站系列与莫奈在19世纪80年代创作的炉火纯青的组画（见彩色图版37以及此后的彩色图版）大相径庭。圣拉扎尔火车站系列的重点，在于强调车站内外场景的多样性，而非整套作品中的同质性。它们是一次次野心勃勃的尝试，因为它们选择描绘了一个地标性的现代对象，也就是如左拉（Émile Zola，1840—1902年）和杜朗蒂（Louis Edmond Duranty，1833—1880年）这样的自然主义作家和评论家所倡导的那类题材。

图29
圣拉扎尔火车站

1877年绘；
布面油画；
75cm×100cm；
奥赛博物馆，巴黎

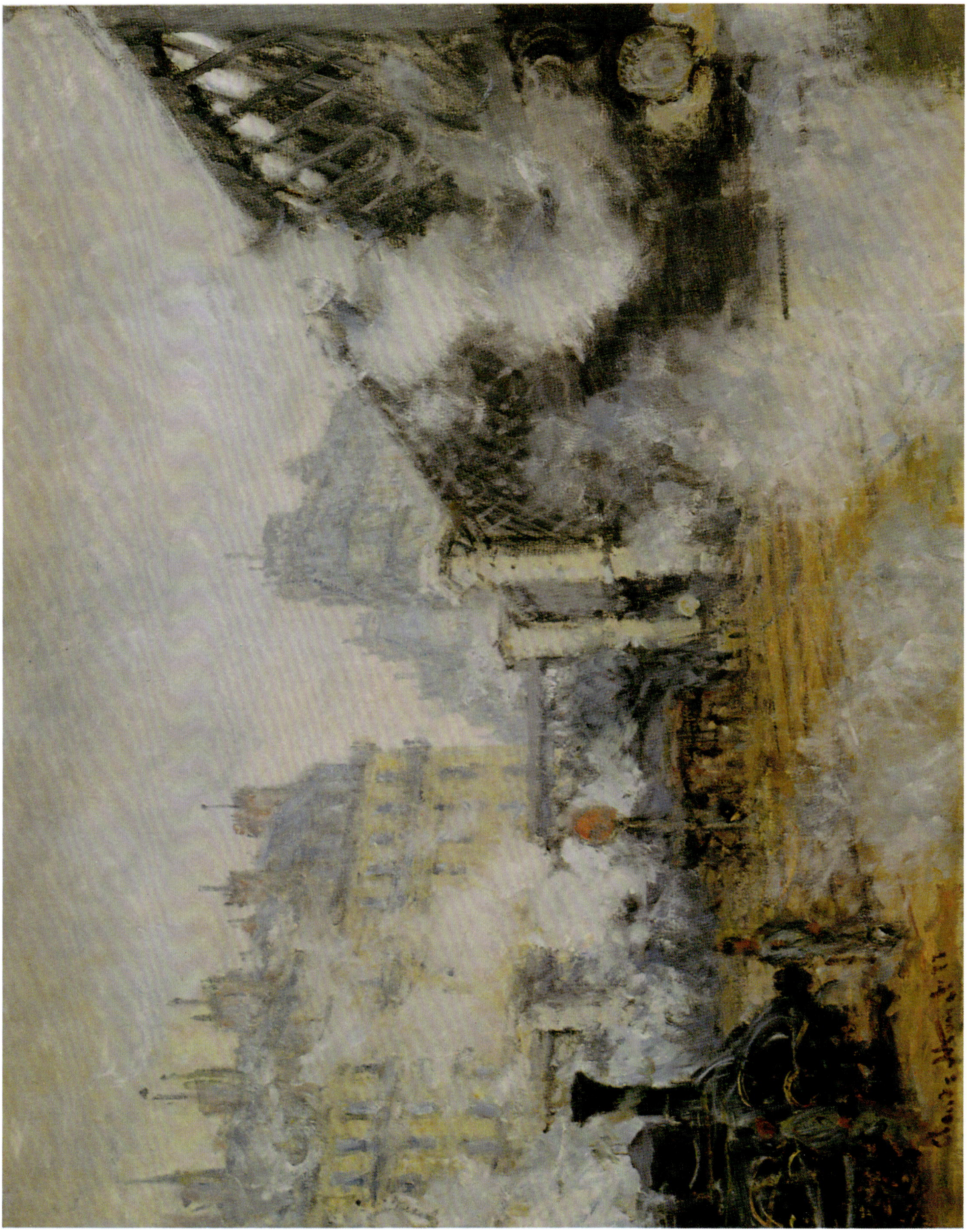

23　维特尼教堂
Vétheuil Church

约 1879 年绘；布面油画；51cm×61cm；南安普顿艺术画廊（美术馆），南安普顿

图 30
维特尼的山丘

1880 年绘；
布面油画；
61cm×99cm；
私人收藏

　　与阿让特伊的市郊景观不同，维特尼是一个坐落在塞纳河上的小村庄，村庄的主要建筑是一座古老的教堂。1878 年至 1881 年住在此地期间，莫奈曾多角度地描绘该地。有时，从莫奈的画室小船的角度可以看到村落，教堂是画面的焦点，所呈现的画面就像《维特尼教堂》（Vétheuil Church）和《雾中维特尼》（Vétheuil in the Fog，彩色图版 24）一样；有时，画面则是从较远的地方描绘的，比如在塞纳河对岸的村落拉维格，或者是在河中的某一座小岛上，正如《维特尼的山丘》（The Hills of Vétheuil），在《维特尼的山丘》一画中，莫奈的画室小船正停靠在河岸边，在他居住的房屋下方。

　　《维特尼教堂》的构图是莫奈最喜欢的一种构图方式——描绘对象正面位于河对岸，与在画面下方的水中倒影遥相呼应（参见彩色图版 16 和 42）。首先，观者的视线会跨越河流进入图像空间，但与此同时，由于建筑轮廓与倒影之间的律动，赋予了图像一丝平面连贯性。

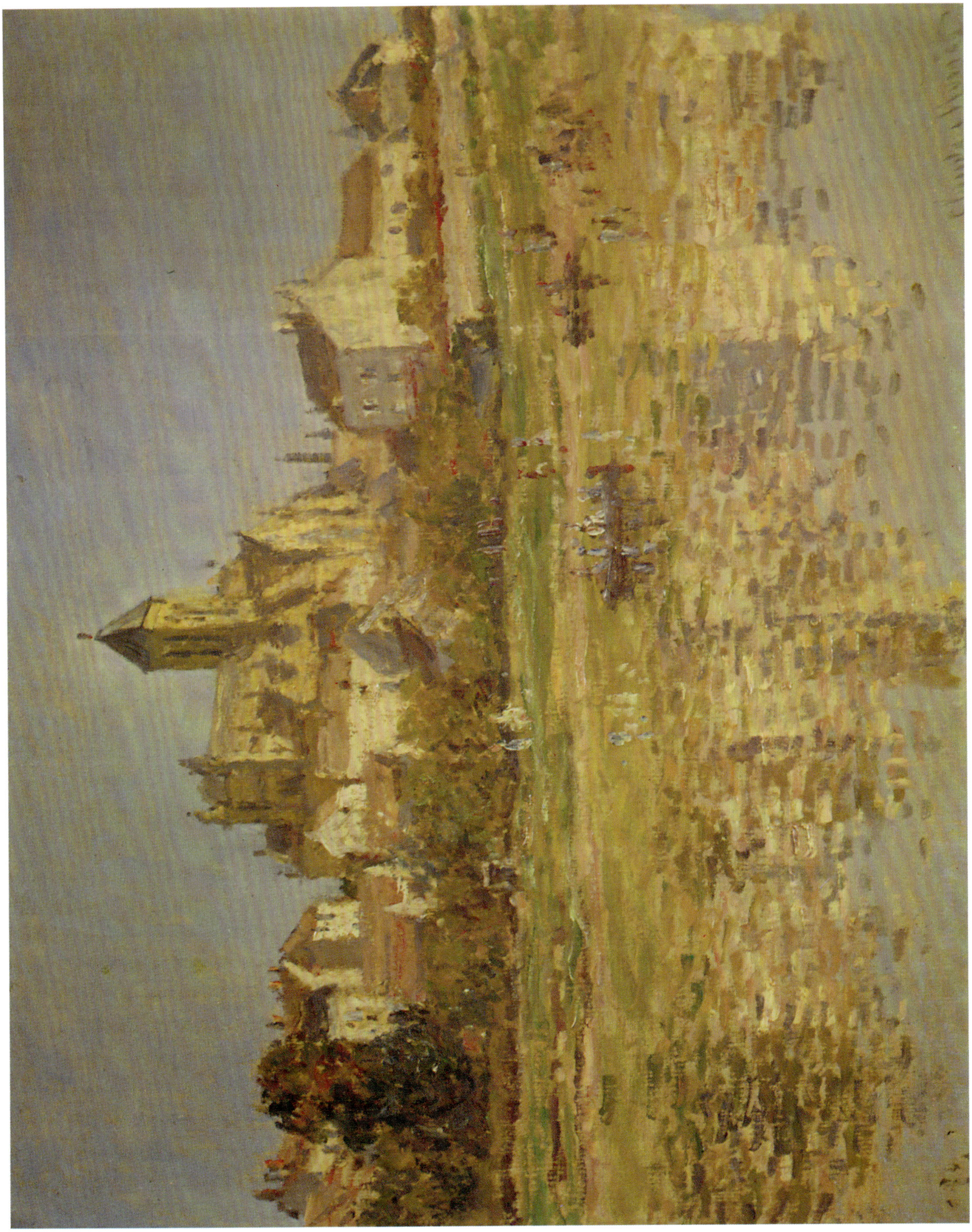

24 雾中维特尼
Vétheuil in the Fog

1879年绘；布面油画；玛摩丹莫奈美术馆，巴黎

  在此前，莫奈就画过雾（见彩色图版11和15），但《雾中维特尼》是他首次尝试捕捉那些基本上湮没于雾中的对象。后来，莫奈曾提及，他一直在画室小船中等待云开雾散，等待景物长时间地露面，从而能够进行描绘。这些记忆——暮霭沉沉的效果以及在雾中时隐时现的事物形态，成为十年后莫奈创作不同气象条件下的系列作品的一大动因（见彩色图版37以及此后的所有彩色图版）。在1879年至1880年期间，莫奈就曾多次描画同一个场景（见彩色图版23），但他并没有把这些作品视作一个相互紧密联结的整体。

  《雾中维特尼》被莫奈的一个主要赞助人——歌手福尔（Jean-Baptiste Faure，1830—1914年）拒之门外，理由是"画上的颜料不够多"。这之后，莫奈自己留下了这幅画，在19世纪80年代末期的多个场合上将它展出，把它视作承载了他所追寻的瞬间效果的代表作。1887年，他给这幅作品加了一个副标题——《印象》（*Impression*），借此说明它仅是为了呈现这种效果的一幅草图。

25　冰川
The Ice-Floes

1880 年绘；布面油画；97cm×150.5cm；谢尔本博物馆，谢尔本

1879 年至 1880 年的冬天格外严寒，1880 年的 1 月初，突如其来的解冻期使得塞纳河上出现了大量浮冰。冰冻和解冻都为莫奈提供了一系列戏剧化的题材。在它们的启发下，莫奈得以在 1879 年 9 月妻子卡米耶去世之后，全心全意地投入到创作之中。一些评论家认为，这些绘画是抒发莫奈丧妻之痛的直接表现，然而，莫奈从未把自然与人类情感直接联系起来，他力求挖掘潜藏在自然中的气质（见彩色图版 32），但却不会将个人的精神状态强加在眼前的景象上。毋庸置疑，这个系列中的某些作品的确突出了融冰后的荒芜感，但《冰川》中的画面却是沐浴在午后阳光中的一片光明和宁静。

《冰川》的一个较大版本（彩色图版 25）则是在莫奈的画室中参照着一幅描摹同样效果的较小版本（图 31）完成的。它本是为了 1880 年的沙龙展览而作的，但却被沙龙拒绝。在绘制这个放大的画室版本时，莫奈重新回归了 15 年前第一次向沙龙提交作品时的创作方法（见彩色图版 1）。

图 31
冰川

1880 年绘；
布面油画；
61cm×100cm；
奥赛博物馆，巴黎

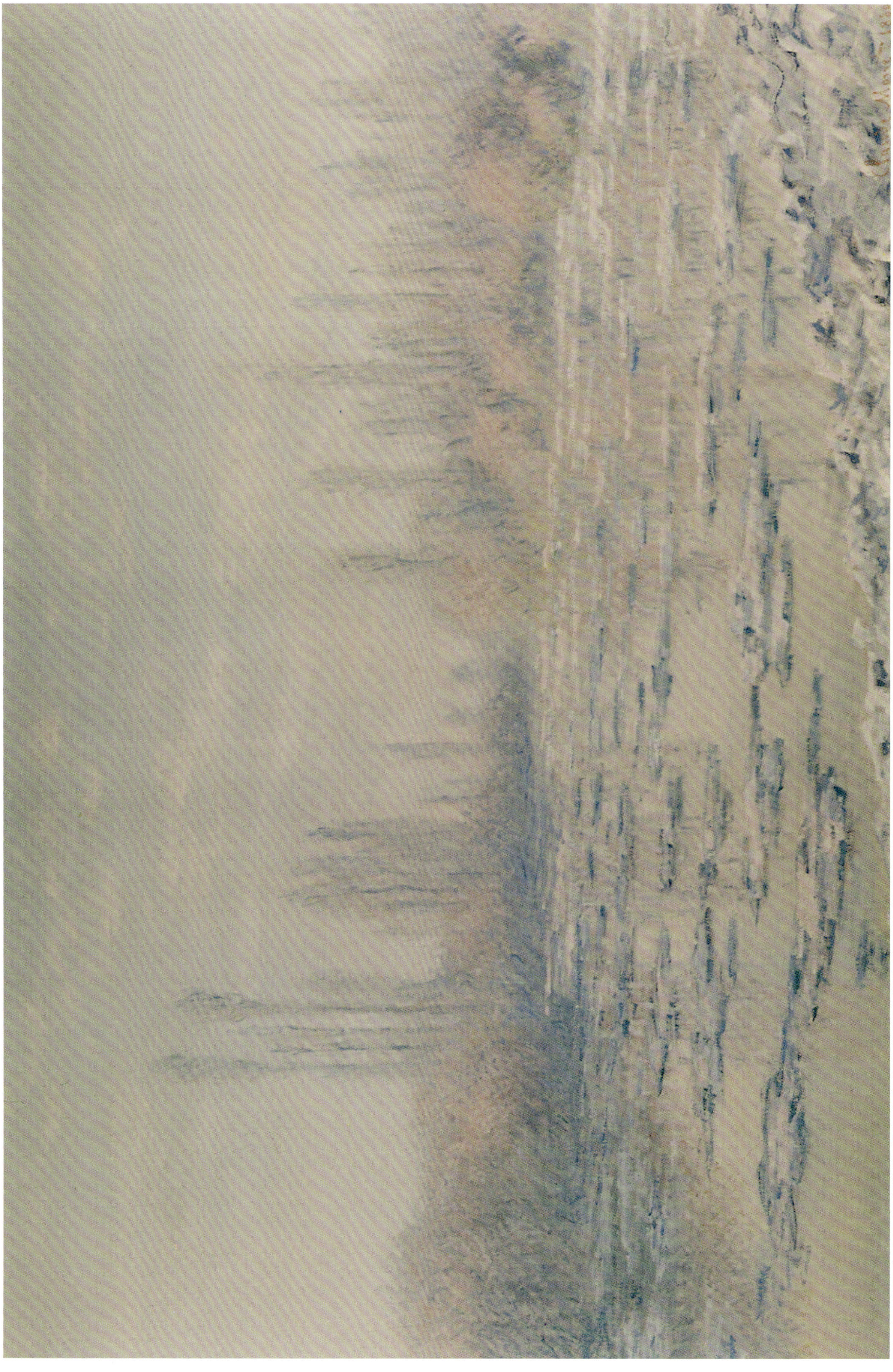

26 拉维格
Lavacourt

1880 年绘；布面油画；100cm×150cm；达拉斯美术博物馆，达拉斯

到了1880年，莫奈对独立策划的印象派群展愈发地感到失望，也是受到了雷诺阿前一年在沙龙的成功的激励，莫奈决定再次向官方沙龙递交作品。借此机会，他绘制了3幅尺寸较大的油画，它们全都是在画室内完成的，都是基于小尺寸的户外写生绘就的（见彩色图版25和图31）。莫奈认为，通常在沙龙上展出的作品应比在印象派群展上的大，但在写生过程中又无法绘制鸿幅巨作。莫奈最初计划递交《冰川》（彩色图版25）和《冬日塞纳河的日落》（*Sunset on the Seine in Winter*，图32），但到了最后又觉得后者"过于体现个人特色"了［或许因为它与"臭名昭著"的《日出·印象》（彩色图版15）有异曲同工之处］。于是，莫奈在拉维格这个地方绘制了一幅"更加明智的、更符合资产阶级喜好的"油画，然后递交给了沙龙。在那次沙龙展览中，只有《拉维格》（*Lavacourt*）通过了筛选，而《冰川》则落选了。

同样，《拉维格》也呈现了莫奈最爱的题材——隔江而望的景致（见彩色图版23等），然而，它却比同时代其他作品的笔触细腻得多。画中的绿色和浅蓝营造了一种明亮的气氛，但却没有像《维特尼教堂》（彩色图版23）中那样的直射光线和果决笔触。

图32
冬日塞纳河的日落

1880 年绘；
布面油画；
100cm×152cm；
小皇宫博物馆，巴黎

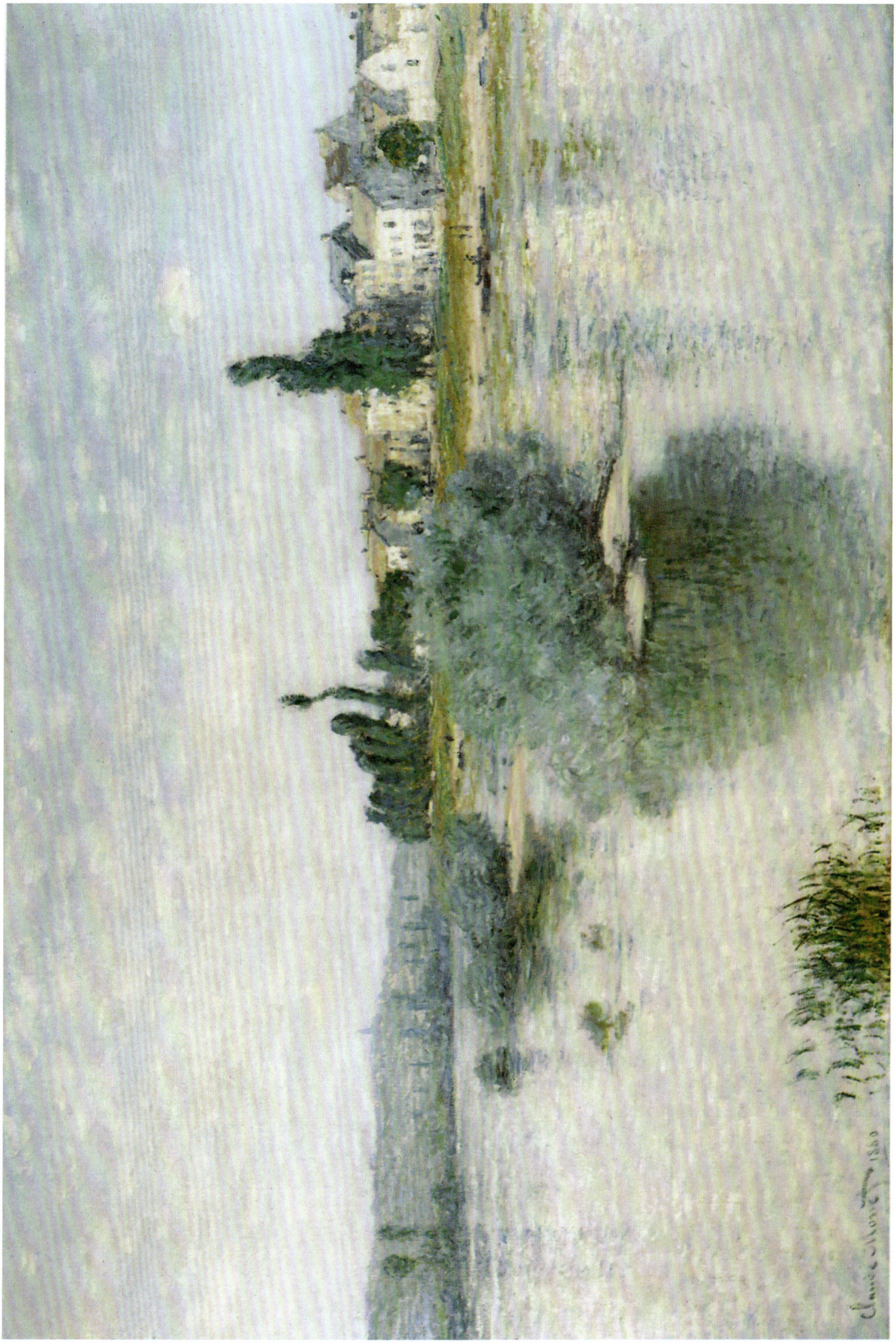
Claude Monet 1880

27　梨和葡萄
Pears and Grapes

1880年绘；布面油画；65cm×81cm；汉堡美术馆，汉堡

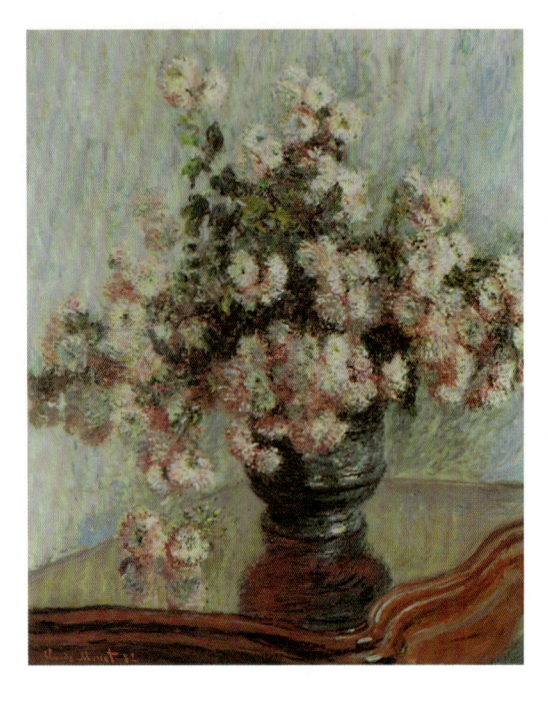

　　在1878年至1882年间，莫奈在画静物上投入了大量时间，而这也是他职业生涯中的一段独一无二的经历。最开始，因为妻子卡米耶病入膏肓，所以莫奈必须待在家，静物画使得莫奈得以继续创作。但在1879年卡米耶去世后，莫奈并未停止描画水果、鲜花或是棋牌等静物组合，他发现这种创作不失为雨天不能出门写生时的一项合适的活动。

　　在莫奈职业生涯早期的一些静物作品中，他习惯从正面简单地呈现所描画的对象。与当时的同辈一样，莫奈师从18世纪的法国静物画大师夏尔丹。然而，在1880年前后的静物画中，如《梨和葡萄》（Pears and Grapes），莫奈则是从侧上方描画对象，松散组合在一起的水果更加自由地散落在油布四处。在画花的作品中，如《菊花》（图33），花簇、花枝的姿态以及桌面赋予了画面整体一丝动感。这些花繁锦簇、构图灵动的静物作品对后世法国的静物画影响深远，既体现在高更作品中的装饰布置上，也体现于凡·高画作中极具律动感的花果中。

图33
菊花

1882年绘；
布面油画；
100cm×81cm；
大都会艺术博物馆，纽约

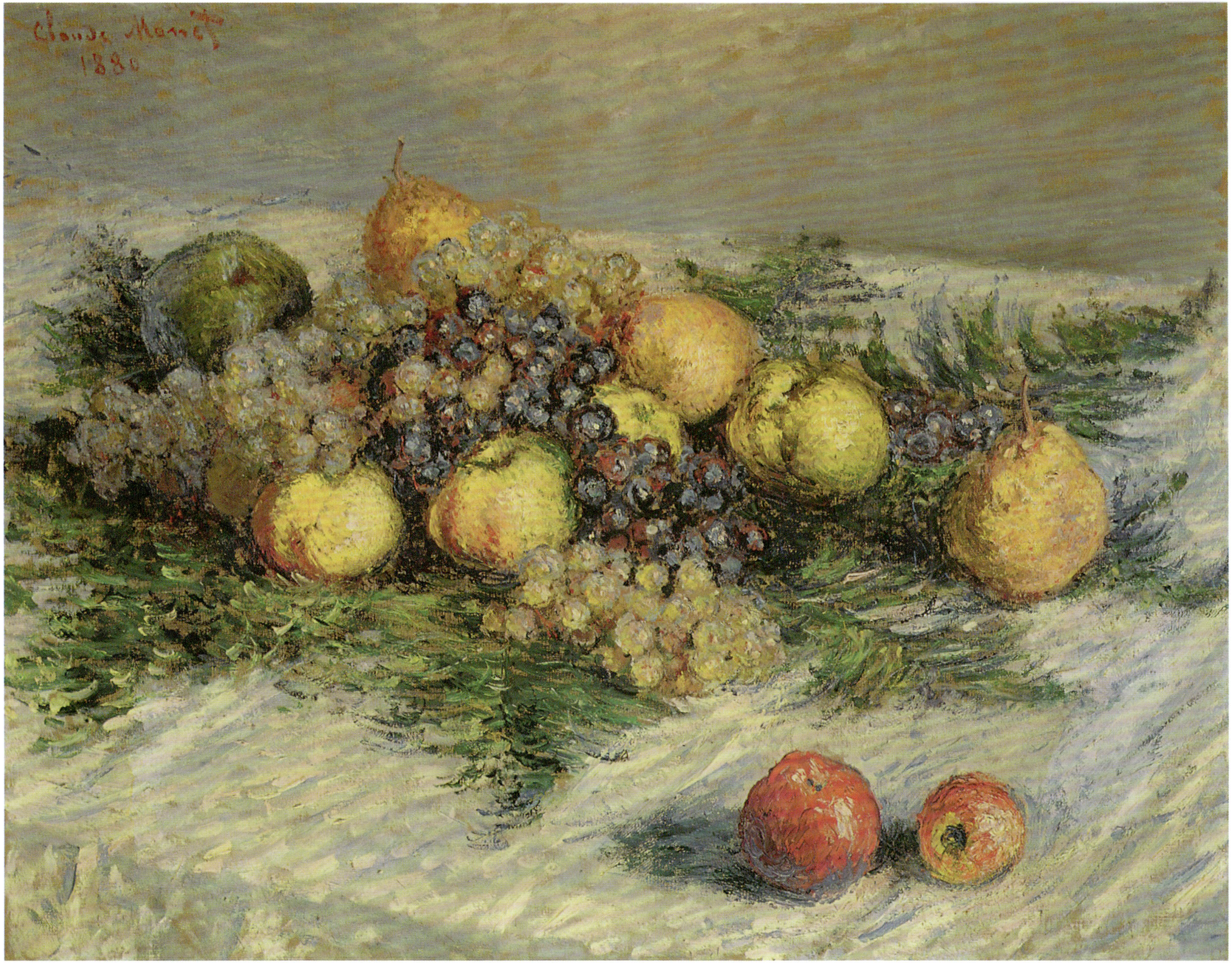
Claude Monet
1880

28 瓦朗日维的海岸警卫小屋
The Douanier's Cottage at Varengeville

1882 年绘；布面油画；60cm×73cm；博伊曼斯·范伯宁恩美术馆，鹿特丹

图 34
海岸警卫小屋

1882 年绘；
布面油画；
62cm×76cm；
哈佛大学福格艺术
博物馆，剑桥

在 19 世纪 80 年代的旅途中，莫奈所见的景致与塞纳河谷地区以水平线条为主的景观大相径庭。他寻访了嶙峋的海岸和山丘，特意选取了一些有着鲜明特征的对象来描画，频繁地强调空间、形态和层次之间的大胆对比。1882 年，莫奈在诺曼底海岸，在位于迪耶普西端的图维列（Pourville）和瓦朗日维（Varengeville）周边写生，他尝试去描绘当地的悬崖峭壁：其中，莫奈最喜欢的一个题材是一座栖息于峭壁上的海岸警卫的小屋，小屋位于一道向内陆蜿蜒的裂谷的上端。同一年，莫奈分别在不同的天气条件下，从每一个可能的角度——或俯视，或仰视——描画了这座小屋 18 次，画中，这座依山傍海的小屋以各式各样的剪影形态出现。尽管莫奈曾多次绘制该主题，但他从未将这些作品视作一组独立的系列。在彩色图版 28 中，小屋是从东南方向望去的，与裂谷相隔的是前景中的悬崖。而在图 34 中，小屋则是从西南方向看去的，画中远方可以看到迪耶普的悬崖。

1881 年以降，通过迪朗-吕埃尔以及 19 世纪 80 年代后期的其他画商，莫奈第一次有了大体稳定的收入（见彩色图版 34 的文字讲解）。这样一来，莫奈就可以在创作上投入更多的时间了。那时，迪朗-吕埃尔在敦促莫奈提高其作品的完成度，这是为了应对 19 世纪 70 年代期间评论家对于印象派的广泛指摘——在面对草率绘就的手稿时，印象派画家们感到心满意足。彩色图版 28 中，在前景悬崖处是较为破碎的层次和一块块的阴影，与它形成反差的，是较远处阳光普照的向阳坡，向阳坡的层次和颜色不断地变化着——浅粉色和橙色衬托着绿色。比起莫奈十年前的代表作，这幅作品的画面要来得艳丽得多。

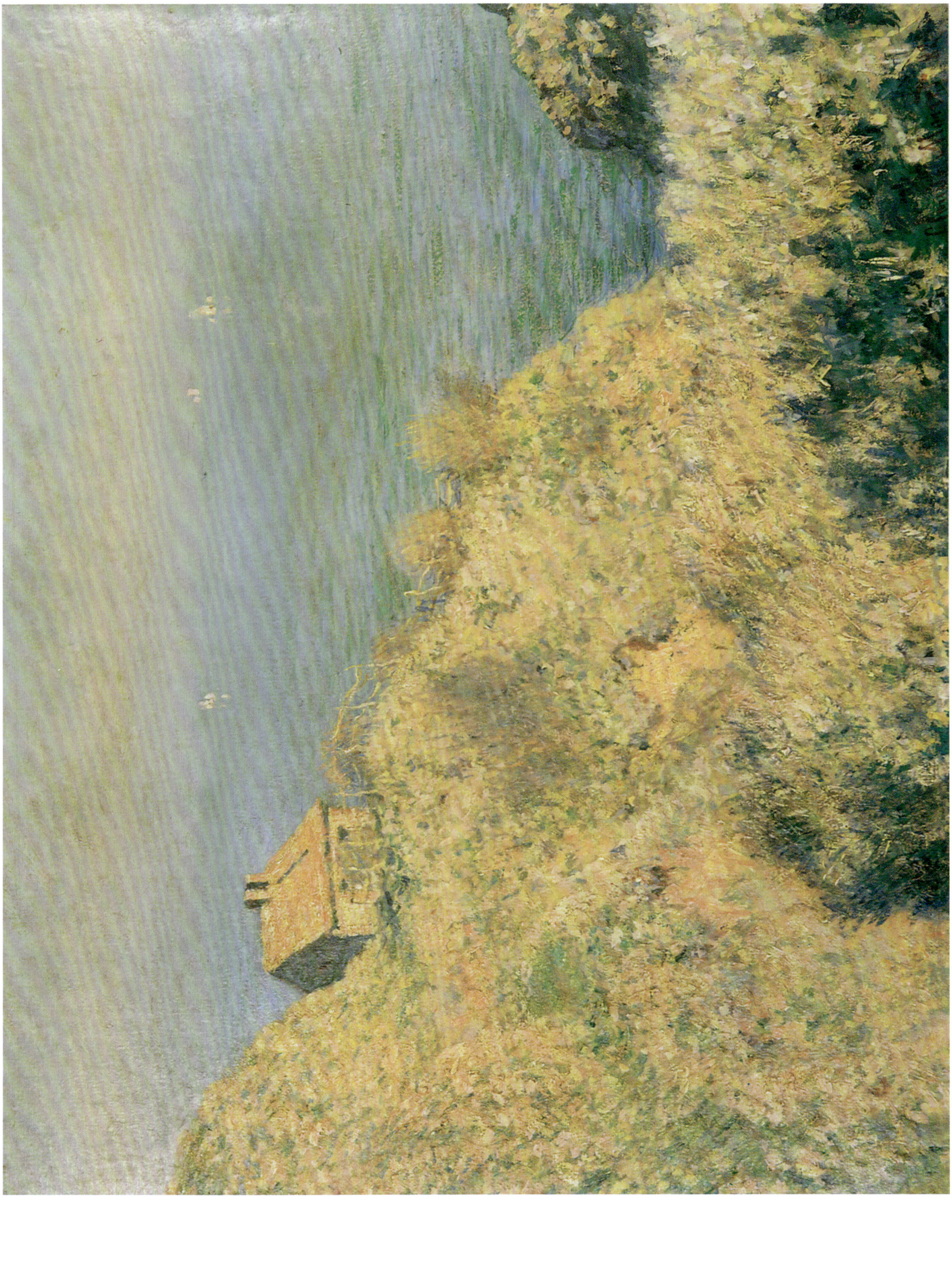

29 瓦朗日维教堂
Varengeville Church

1882年绘；布面油画；65cm×81cm；伯明翰大学巴伯美术馆，伯明翰

在《瓦朗日维教堂》中，引人注目的不对称构图与璀璨绚丽的日落，使得整个画面富于多变的图案和色彩。和许多山顶景象一样，这幅作品的构图体现了日本"名所绘"中常见的构图方式（见图9）。与"名所绘"不同，莫奈没有扭曲眼前的自然形态，但借此他得以面面俱到地呈现了眼前的景色，就像这幅以图像形式出现的画作。高视点和单一的平面以对角线方向分布，使得观者的视线不需要遵守法国经典风景画传统中既定的由近及远的透视，就能够转移到更远的空间。莫奈用律动感十足的挫笔描画了前景的落叶，用轻柔的色块扫掠而成了远山，通过以上二者之间的对比强化了画面的空间感。

在《瓦朗日维教堂》创作的最后阶段，莫奈用橙色和红色来描画日落，用蓝色和绿色来描绘山丘，通过二者之间的对比进而加强了画面配色的明艳度。这种细化可能是这时期在画室中润饰的成果之一，到了这个阶段，莫奈开始认为有必要提高其作品的精细度。大胆的配色预示着莫奈在接下来十年中的色彩运用变化——更缤纷、更恰当、更加浑然一体。1882年创作的《瓦朗日维教堂》说明：即便在1884年的地中海之行（彩色图版30）以前，莫奈就已经开始利用明艳的色彩构成来重新营造气氛了。

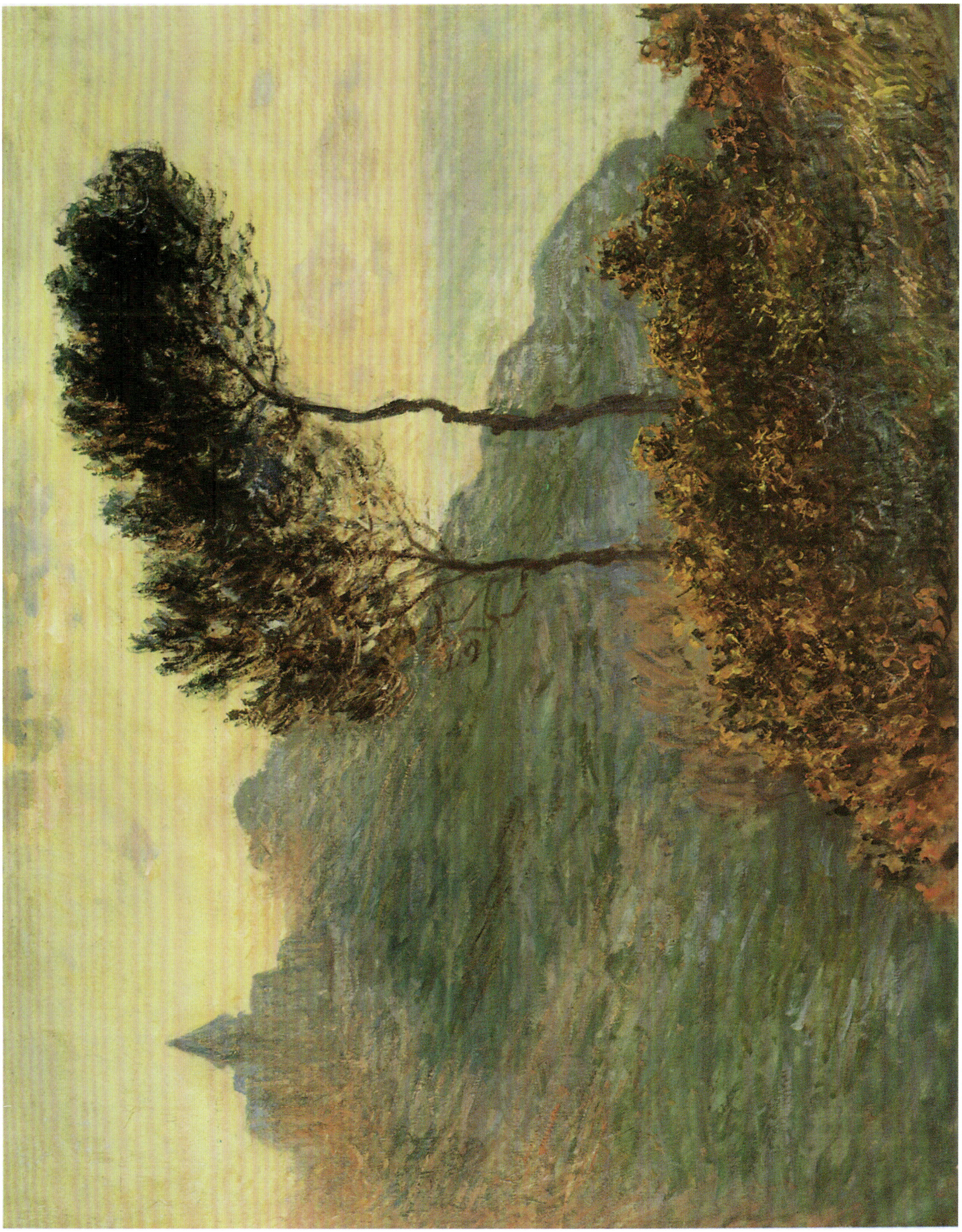

30 博尔迪盖拉
Bordighera

1884 年绘；布面油画；73cm×92cm；加利福尼亚圣巴巴拉艺术博物馆，圣巴巴拉

在 1884 年南下的旅途中，莫奈遭遇了一系列新的难题，比如寻找能够表现地中海明亮光线的颜料。在博尔迪盖拉（位于意法边境附近，离芒通不远）期间，他意识到：在这里的经历和见闻迫使他必须去加强蓝色和玫瑰色之间的对比。在这里，前景中的亮蓝色和明粉色使得当地植物的色彩显得愈发地缤纷，但远山上光影的交织则是通过更微妙的蓝色和粉色来表现的。凭借相互协调、相互联结的色调，画面呈现出和谐统一配色，从而营造了一个浑然天成的整体氛围。

在博尔迪盖拉时，莫奈对充满了异域风情的亚热带植被产生了浓厚的兴趣。有时，这些植被是他创作的主要题裁；有时它们又是旧镇、海洋的边框（例如图 35）；又有时，就像彩色图版 30 中一样，它们出现在新城中宽阔的大街上——在那时，这座新城是一座时髦的冬日度假胜地。

图 35
博尔迪盖拉

1884 年绘；
布面油画；
65cm×81cm；
芝加哥美术馆，芝加哥

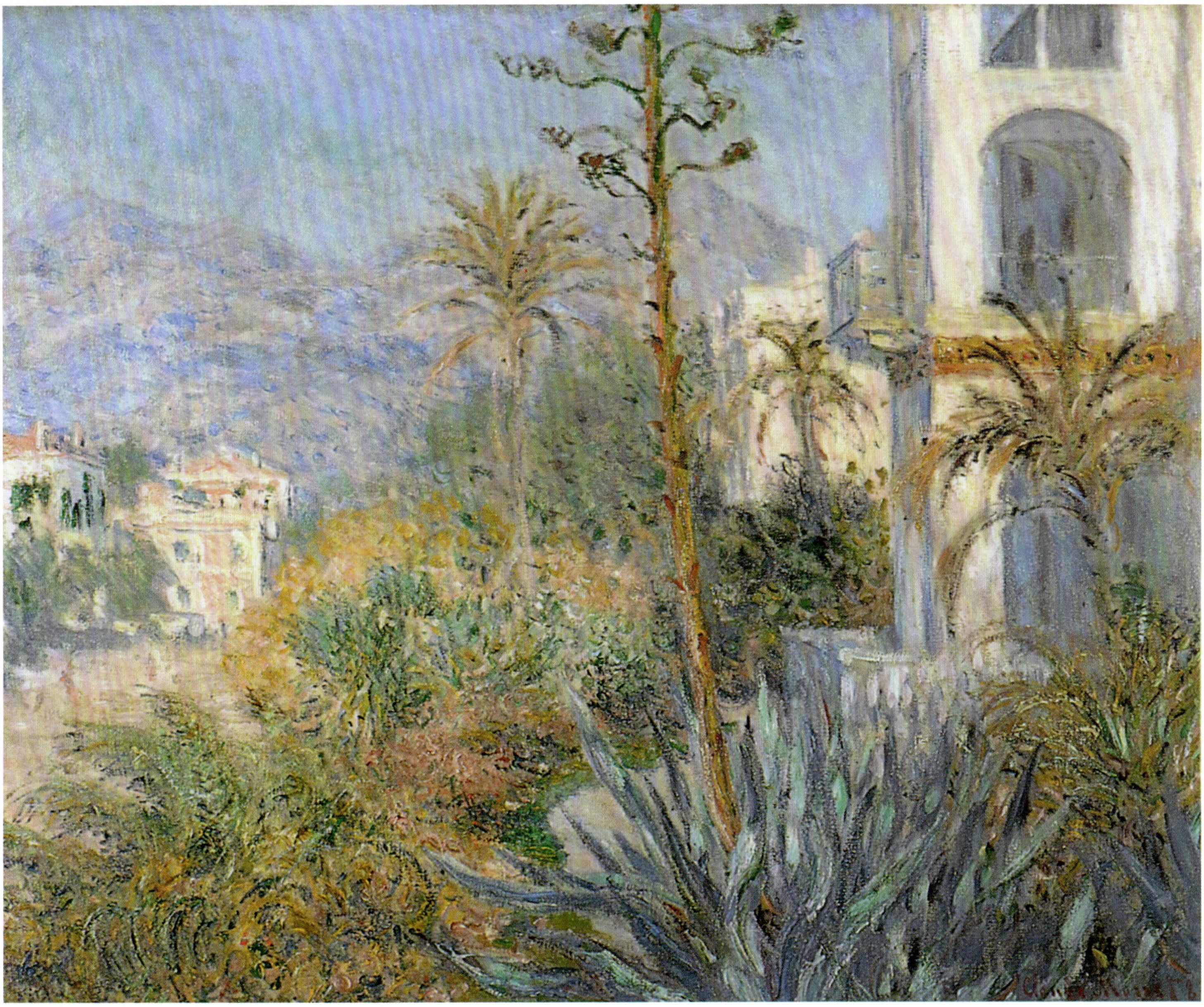

31 春
Spring

1886 年绘；布面油画；65cm×81cm；菲茨威廉博物馆，剑桥

《春》是在吉维尼的一座果园中绘制的。1883 年，莫奈与爱丽丝·奥西德还有她的孩子一起迁至吉维尼。吉维尼是一个坐落于塞纳河支流上的村庄，村庄与塞纳河之间相隔着广袤的河畔草地，营造了一个以横向线条为主的景观，环抱着村庄的是低矮丘陵、溪流和成排的树木。莫奈着实花了一些时间才充分领悟了吉维尼的美，他日后盛赞该地"并非显而易见的如诗如画——被描绘的对象并不会脱颖而出，它们需要花时间寻觅"。

莫奈在 19 世纪 80 年代在吉维尼绘制的作品有着如下特征：与同时期内莫奈在旅途中绘制的标新立异的题材（见彩色图版 28、29、30、32、33、34、36）不同，莫奈选择描画了草场、河岸以及其他简单的、以水平线条为主的景致，与 19 世纪 70 年代在阿让特伊和维特尼创作的塞纳河谷题材遥相呼应。然而，虽然在吉维尼的作品描绘了同样的主题，但手法却来得细腻得多，无论是笔触的图案，还是色彩的协调度。《春》中错综复杂地交织在一起的画面与《夏日·草场》（彩色图版 17）中逸笔草草的处理手法形成了反差。

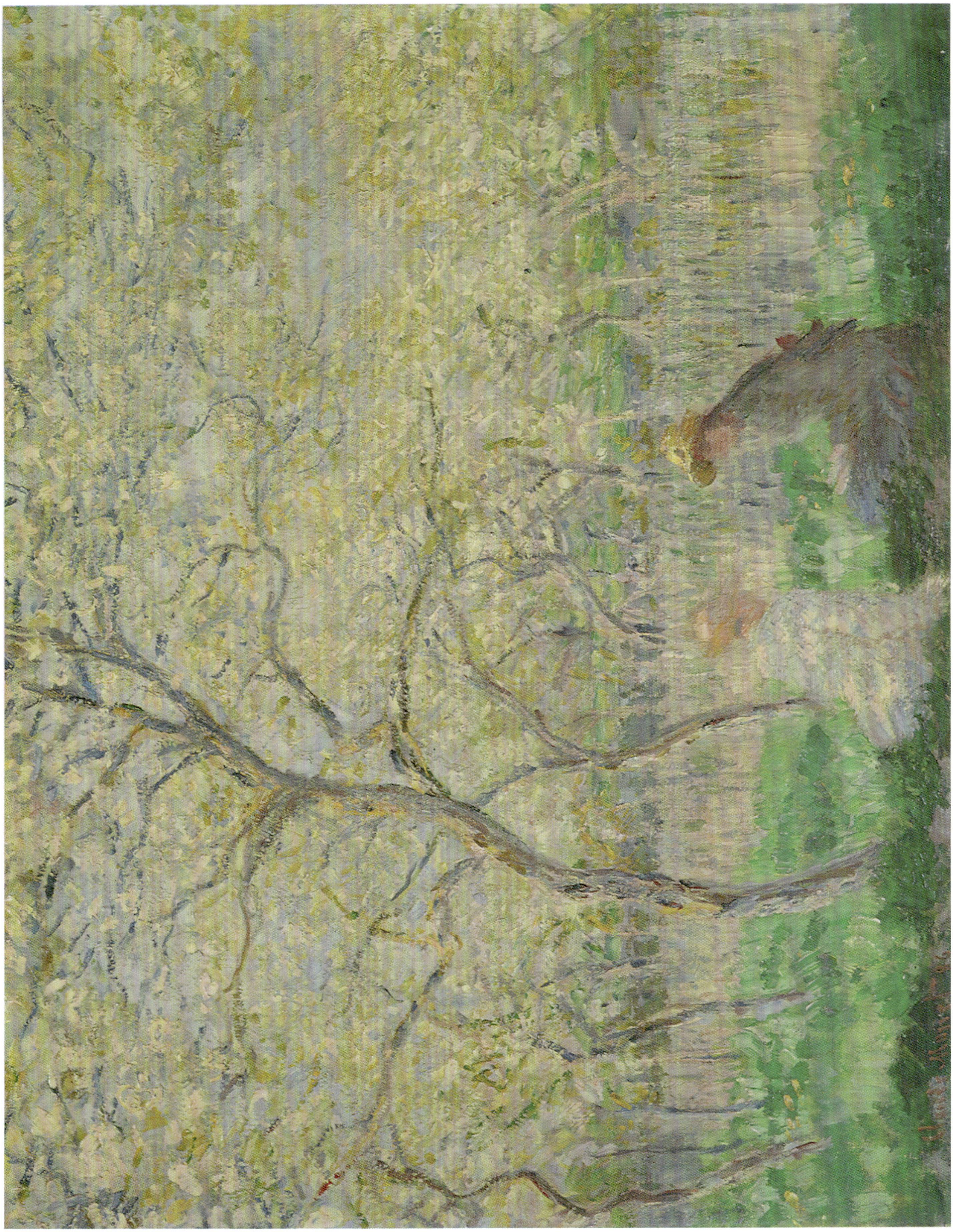

32　科顿港的礁石
The Pyramides at Port-Coton

1886年绘；布面油画；66cm×66cm；私人收藏

1886年的秋天，莫奈转向了一个与诺曼底或地中海截然不同的景致——位于布列塔尼西南由花岗岩构成的美丽岛。在美丽岛，黯淡的险崖和尖岩耸立在色彩斑斓的大西洋海浪之上。一开始，莫奈对这里的自然构成产生了浓厚的兴趣，待暴风雨降临美丽岛时，他心中的激情进一步被点燃了。然而，除了最粗疏的草稿，没有任何其他方法可以呈现暴风雨中的景致。这样的草稿（图36）展示了莫奈最为热情洋溢的笔法——用来描画波涛汹涌的、飞扬的毛笔式笔触。即使像《科顿港的礁石》这种较为精致的描画风平浪静的海景画中，都有着与之前截然不同的浓郁的色彩和沉静的气质。

莫奈的画商迪朗-吕埃尔对于这批画美丽岛的阴郁的作品的销路感到忧心忡忡，因为这时的莫奈刚刚开始以绘制阳光图景而声名大噪。但莫奈还是坚持认为他不应专攻某一种特定的气质："我受到了这个灾难般的景致的启发，因为它与我之前绘制的景致都不一样，我必须下功夫，克服万难去呈现这个阴郁的、极端的景象。"

图36
美丽岛的风暴

1886年绘；
布面油画；
60cm×73cm；
私人收藏

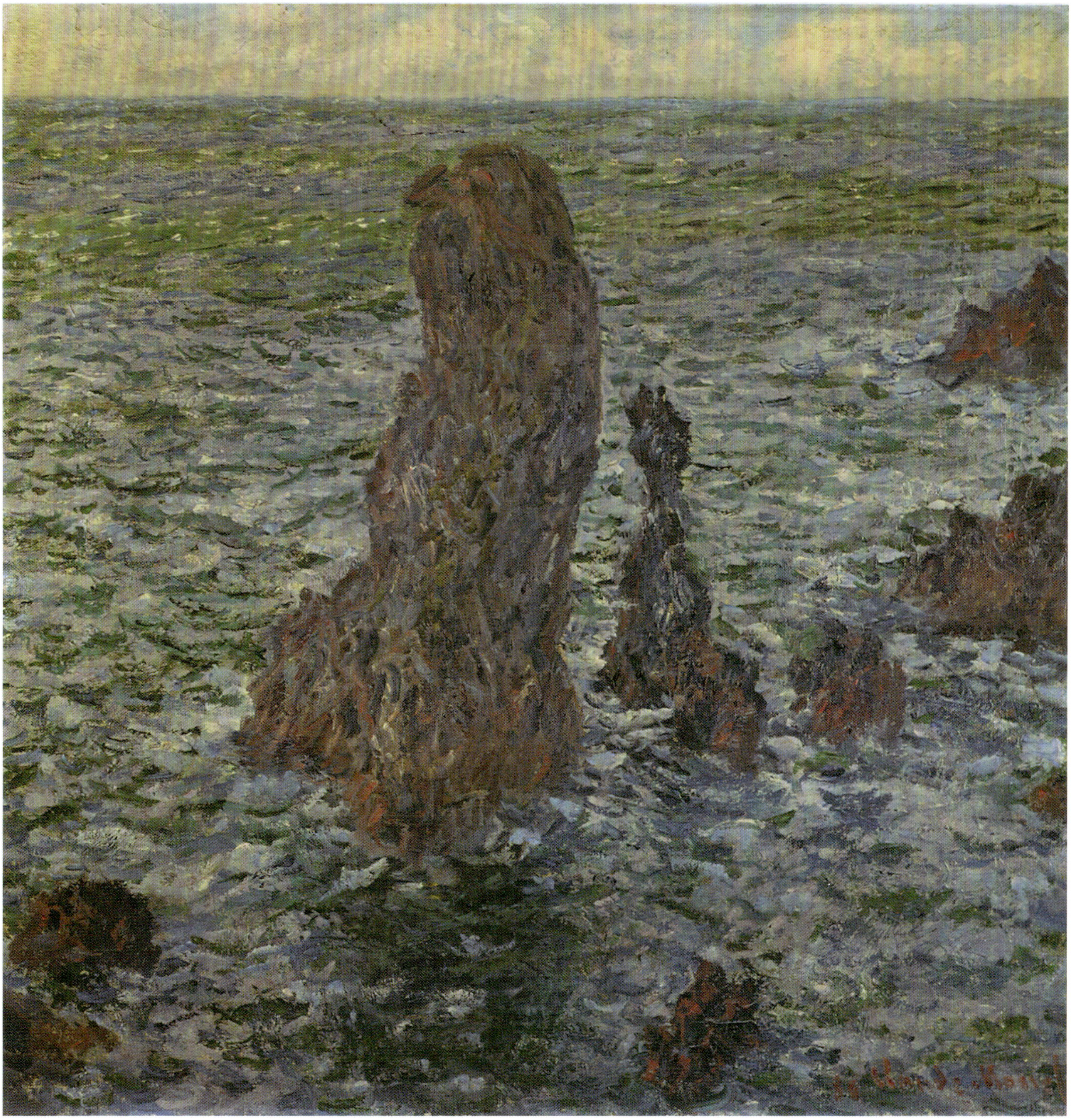

33 昂蒂布
Antibes

1888年绘；布面油画；65cm×92cm；考陶尔德美术馆，伦敦

　　1888年初，莫奈造访昂蒂布。计划中，莫奈想要用蓝色、玫瑰色和金色来呈现这里柔软的气质和氛围，这样就能与他在美丽岛的狂野的画面（见彩色图版32）形成反差了。就气息而言，莫奈在昂蒂布的油画回归了1884年他第一次造访地中海沿岸时的作品风格；就光线的处理手法而言，两批作品也十分相似。《昂蒂布》（*Antibes*）前景中浓重的红色、橙色与绿色、蓝色形成了强烈的对比，但最终都消融在远处弥漫着的粉色和蓝色中。1888年，一位英国记者曾描述莫奈利用色彩来统一画面的方法："莫奈的一大优点就是在油布的每一个地方都施以相同的颜色。这样一来，天空就以几抹蓝色绘就；湖面也是以蓝色为主，其间点缀着些绿色和黄色；绿地则还是用同样的几种颜色绘就，只不过是以绿色为主；石头也是相同的色彩组合，只不过主色是红色。通过这种方式，同一种颜色就会出现在油布的各处了。既成功地捕捉到了大自然的浑然之妙，又没有损失色彩。"《昂蒂布》中色彩的律动和联结正是莫奈对以上概念的实践，它的构图也和日本浮世绘如出一辙（见图9以及彩色图版29的文字讲解）。

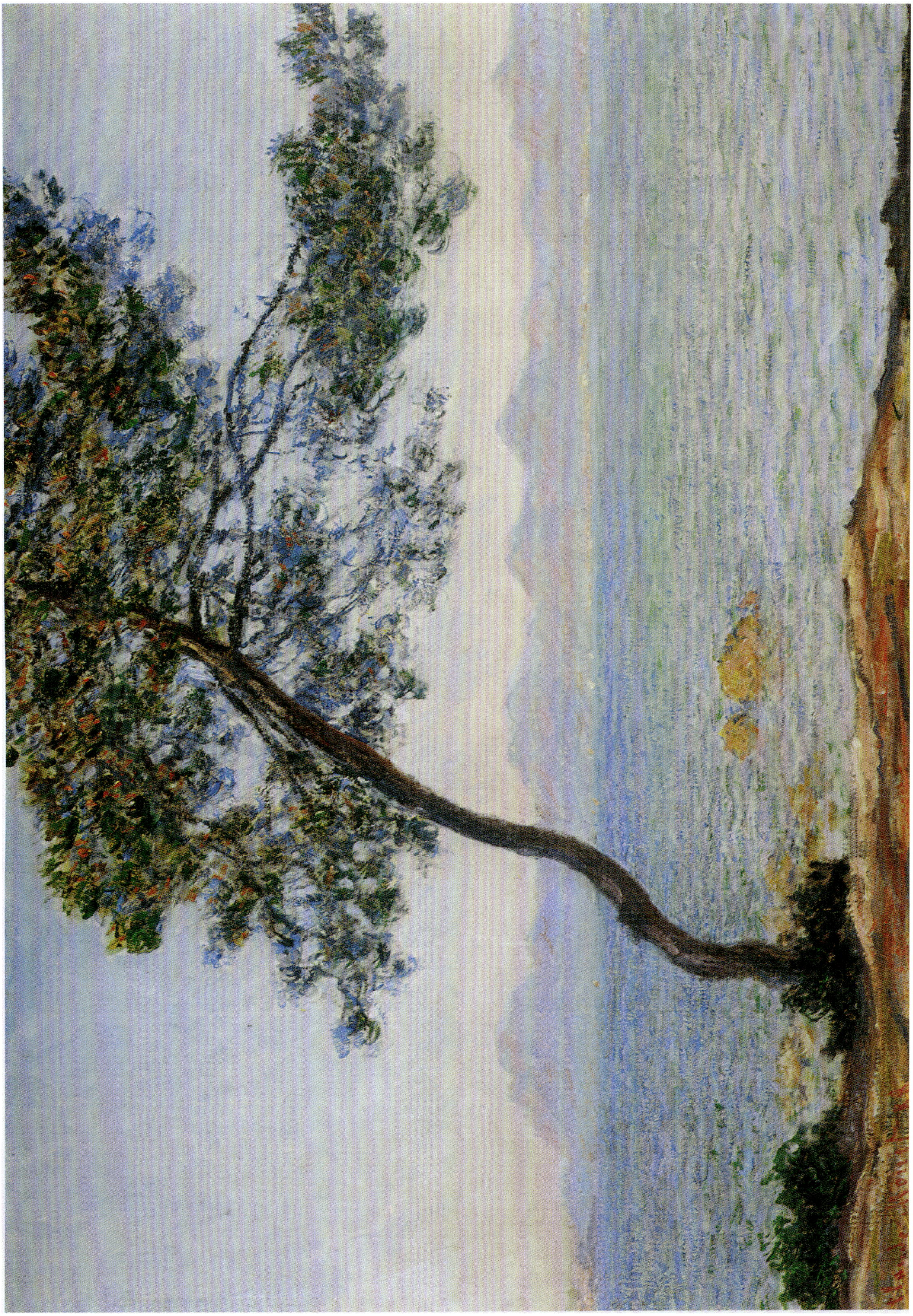

34 昂蒂布的石松
The Umbrella Pines, Antibes

1888年绘；布面油画；73cm×92cm；私人收藏

　　画中，莫奈从昂蒂布角（Cap d'Antibes）向大海遥望，他用一排松树作为一面横贯《昂蒂布的石松》（*The Umbrella Pines, Antibes*）画面的连绵不断的屏风。石松周围的天空、土地和大海全都化作简单的色带，这样一来，观者的视线就只能停留在成排的树干和树叶的纹理上了。就这点而言，此画与《昂蒂布》（彩色图版33）截然不同，因为后者的前景和远景间存在着一个动态的关系。这幅《昂蒂布的石松》或多或少地预示了莫奈在接下来的10年中所偏爱的简单构图。

　　莫奈一共展出了10幅在昂蒂布的作品，其中很可能包括彩色图版33和34。画作在布索德与瓦拉东（Boussod & Valadon Gallery）画廊的一个分馆上展出，而这家分馆正是文森特·凡·高（Vincent van Gogh）的弟弟提奥·凡·高（Theo van Gogh）经营的。那时，文森特正居住在阿尔勒（Arles），通过信件，他才对展览相关的信息了解一二。也是在这个时期，在莱奥·布索德（Léon Boussod）、瓦拉东（Rne Valadon）、乔治斯·珀蒂（Georges Petit）的支持下，莫奈第一次实现了商业和财政稳定。

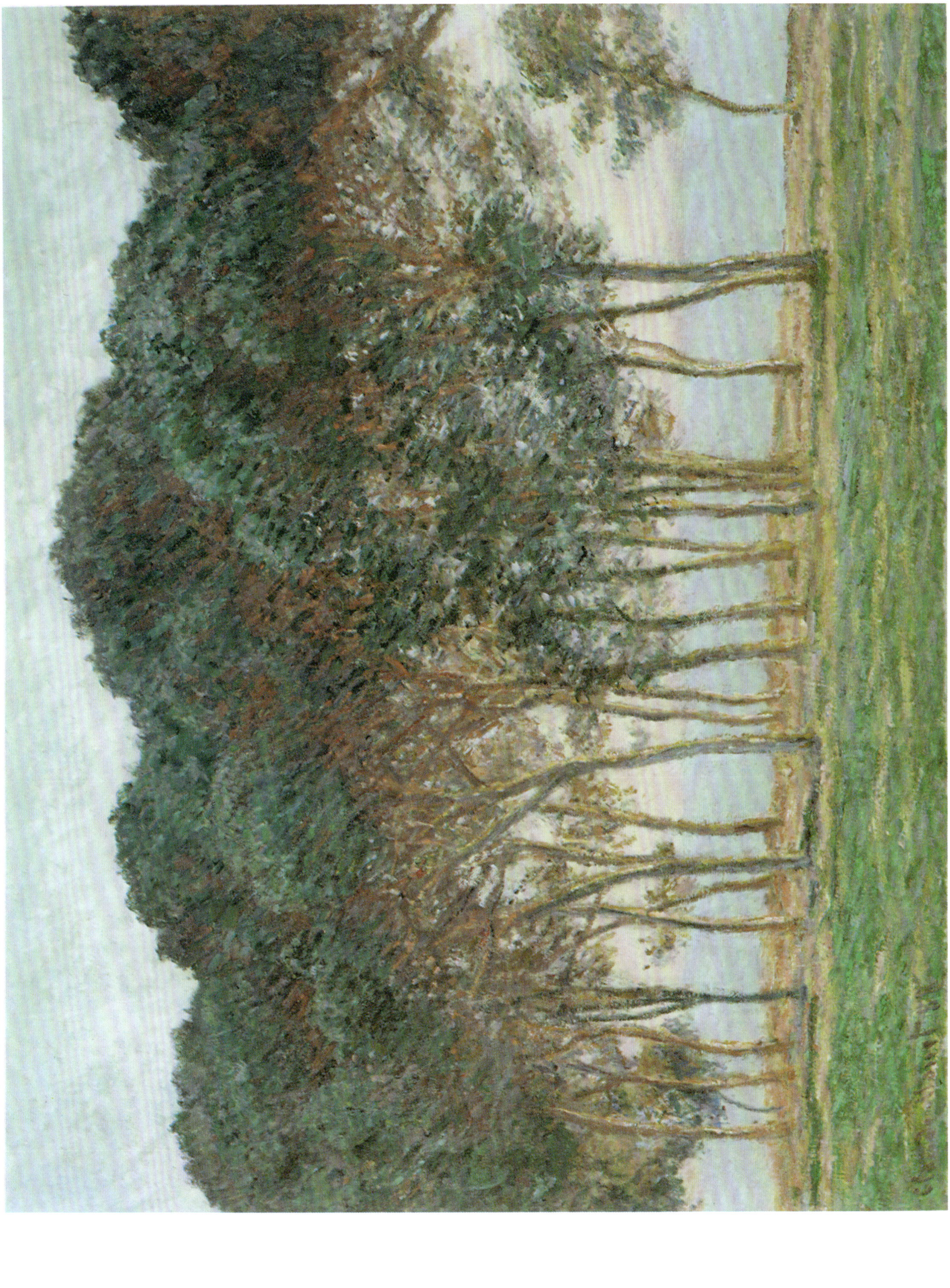

35　田地里的五人
Five Figures in a Field

1888 年绘；布面油画；79cm×79cm；私人收藏

1886 年至 1890 年间，莫奈再次尝试绘制了人物画，而这也是他职业生涯中的最后一次。正如他对朋友所述："我想要以我理解的方式去画室外人物，就像我画风景画那样。这是我萦绕于心的一个梦想，我想要借此一次性地实现它。"在朋友的鼓励下——其中包括在当时正着力解决人像难题的雷诺阿，莫奈开始了这项创作。然而，莫奈却将画中人物处理成为风景的一部分，和雷诺阿模仿古典构图的裸体画——例如完成于 1887 年的《浴女》（*Bathers*，费城艺术博物馆，卡洛尔·S. 泰森夫妇藏品）——截然不同。

画中的模特是莫奈自己和爱丽丝·奥西德的儿女。莫奈把孩子们或置于吉维尼河畔的草地中，如《田地里的五人》（*Five Figures in a Field*）；或置于小船中，如《船上的女孩们》（*Girls in a Boat*，图 37）。

图 37
船上的女孩们

1887 年绘；
布面油画；
145cm×132cm；
东京国立西洋美术馆，
东京

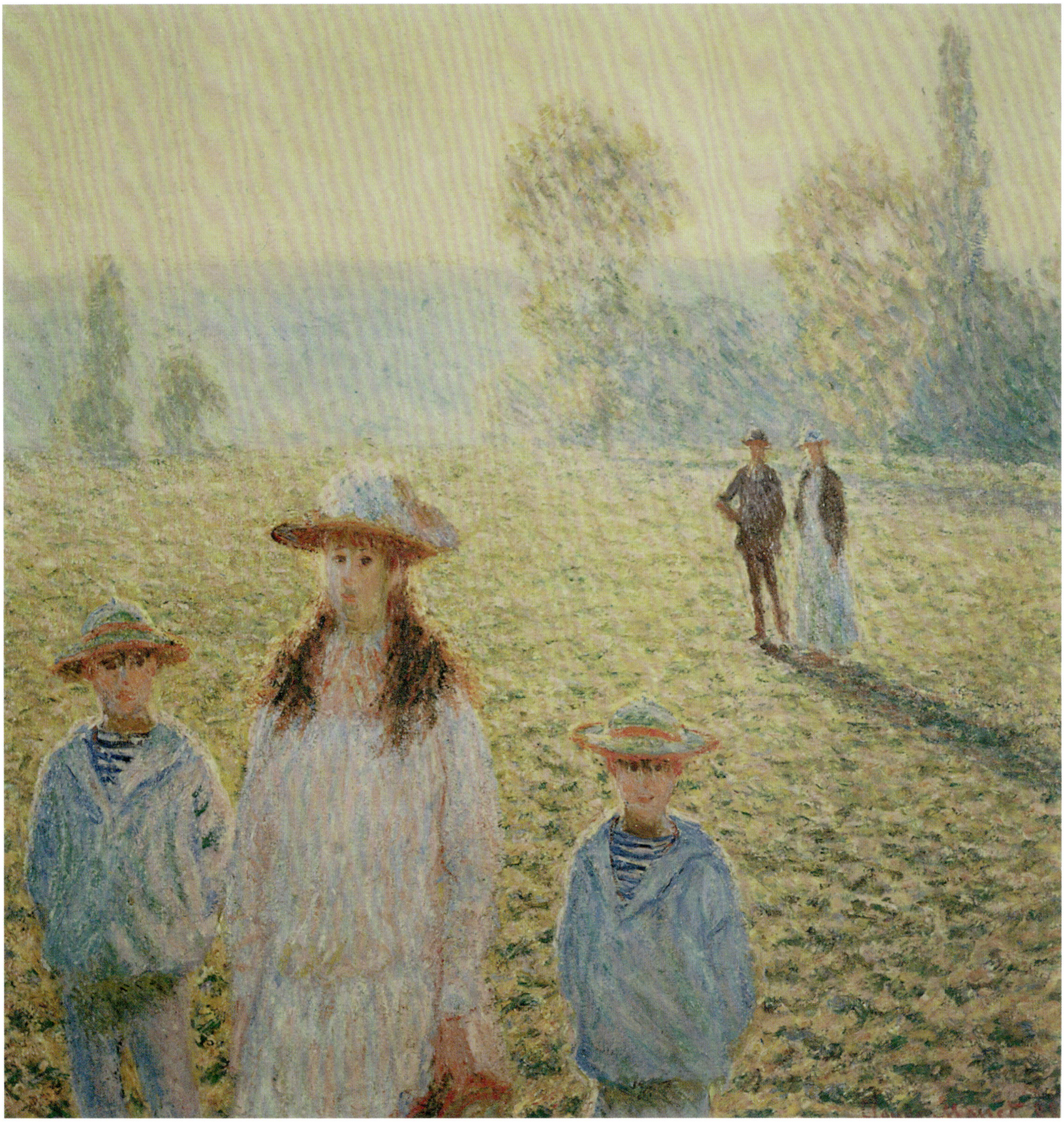

36 弗雷瑟内克勒茨山谷
Valley of the Creuse at Fresselines

1889 年绘；布面油画；65cm×92cm；波士顿美术馆，波士顿

  1889 年初，莫奈在位于法国中央高原的克勒茨山谷创作。他意图通过描绘寒冷的岩石来呼应在美丽岛的创作（见彩色图版 32）的氛围，也为了与前一年在昂蒂布的油画（见彩色图版 33 和 34）形成反差。在克勒茨的系列油画中，于弗雷瑟内市所画的克勒茨山谷算是最明亮、最缤纷的了。其时恰逢 5 月，是莫奈在克勒茨地区的最后几周，为了呈现盎然的春意，作品很可能经过了后期加工。

  画中展现了大克勒茨河（Grande Creuse）和小克勒茨河（Petite Creuse）的交汇点，汇合的河水在观者的注视下滚滚而去。这期间，莫奈就该题材一共绘制了 9 幅作品，其中 5 幅都出现在了 1889 年夏天由乔治斯·珀蒂组织举办的大型回顾展中。然而，和这一组主题相同的作品却是为了突出莫奈作品的多样性而展出的，与 1891 年后成熟的系列组画展不尽相同（见彩色图版 37 和之后的所有彩色图版）。

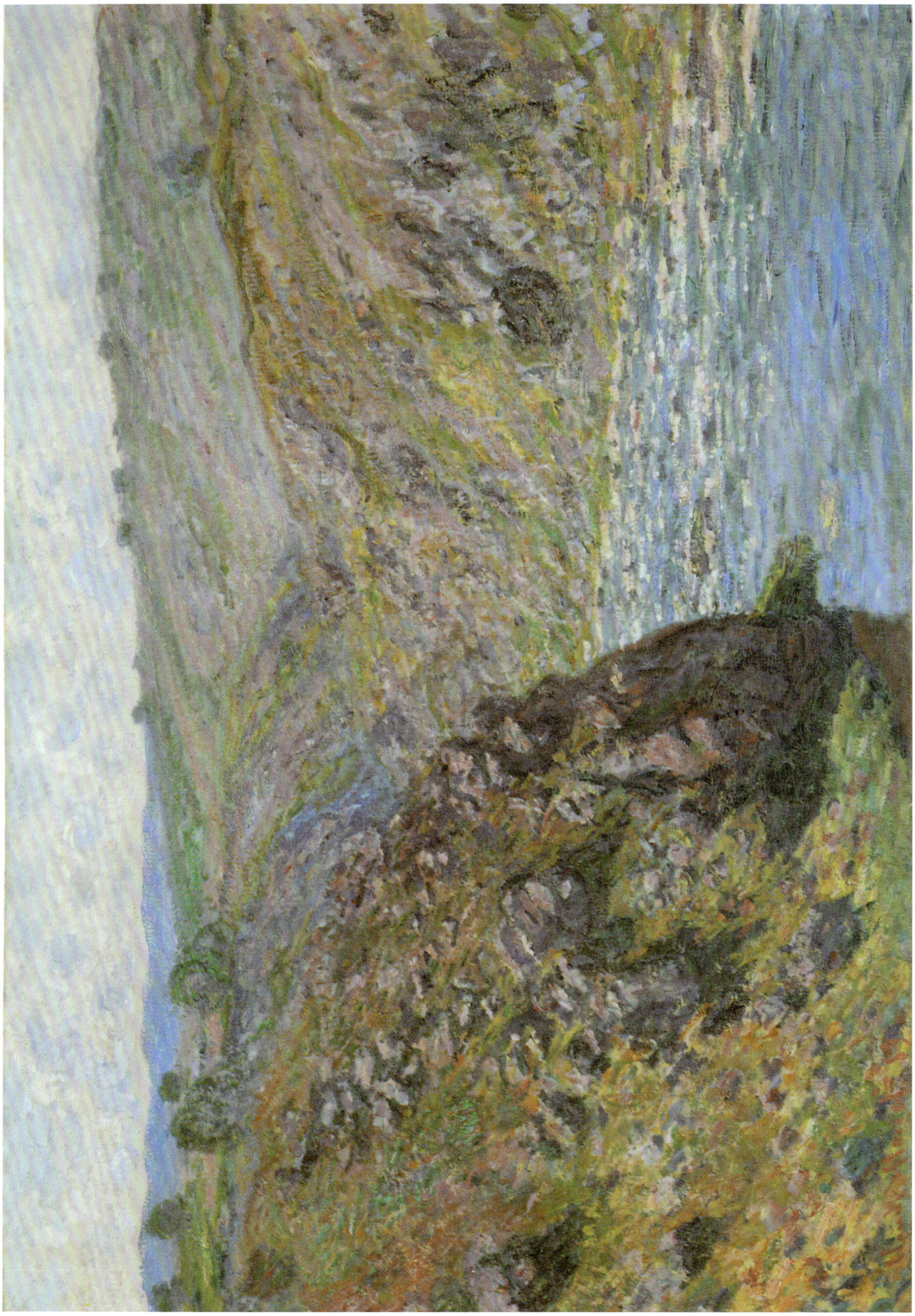

37 夏末的干草垛
Haystacks, End of Summer

1890—1891年绘；布面油画；60cm×100cm；奥赛博物馆，巴黎

  晚年，莫奈曾不止一次地提及创作干草垛系列的起源。1890年夏末，当莫奈在家附近的田地中画干草垛时，他时时被快速变化的光影效果打断。每一次光线改变了，他就会向他的帮手布兰奇·奥西德（Blanche Hoschedé）要一张新画布。如此一来，随着光影效果的变化，莫奈的油画数量也越来越多。长期以来，记录短暂的细微差别一直就是莫奈追寻的目标，但直到干草垛系列，莫奈才有能力以整套系列的形式来呈现以这些细微差别为主题的组画。

  《夏末的干草垛》(*Haystacks, End of Summer*)创作于1890年，但油画上标注的日期却是"91"，1891年是这幅画与其他干草垛系列一同在迪朗-吕埃尔的画廊上展出的日期（见彩色图版38和39）。画作的日期以及凹凸不平的表面都说明了莫奈在展前曾在画室中对其进行润饰。一致的画面表明：这时期的莫奈已经摆脱了19世纪80年代描绘戏剧化题材的、引人注目的手法，随着对光影变化中的一致性投入越来越多的精力，其画面也愈加地趋向一致。

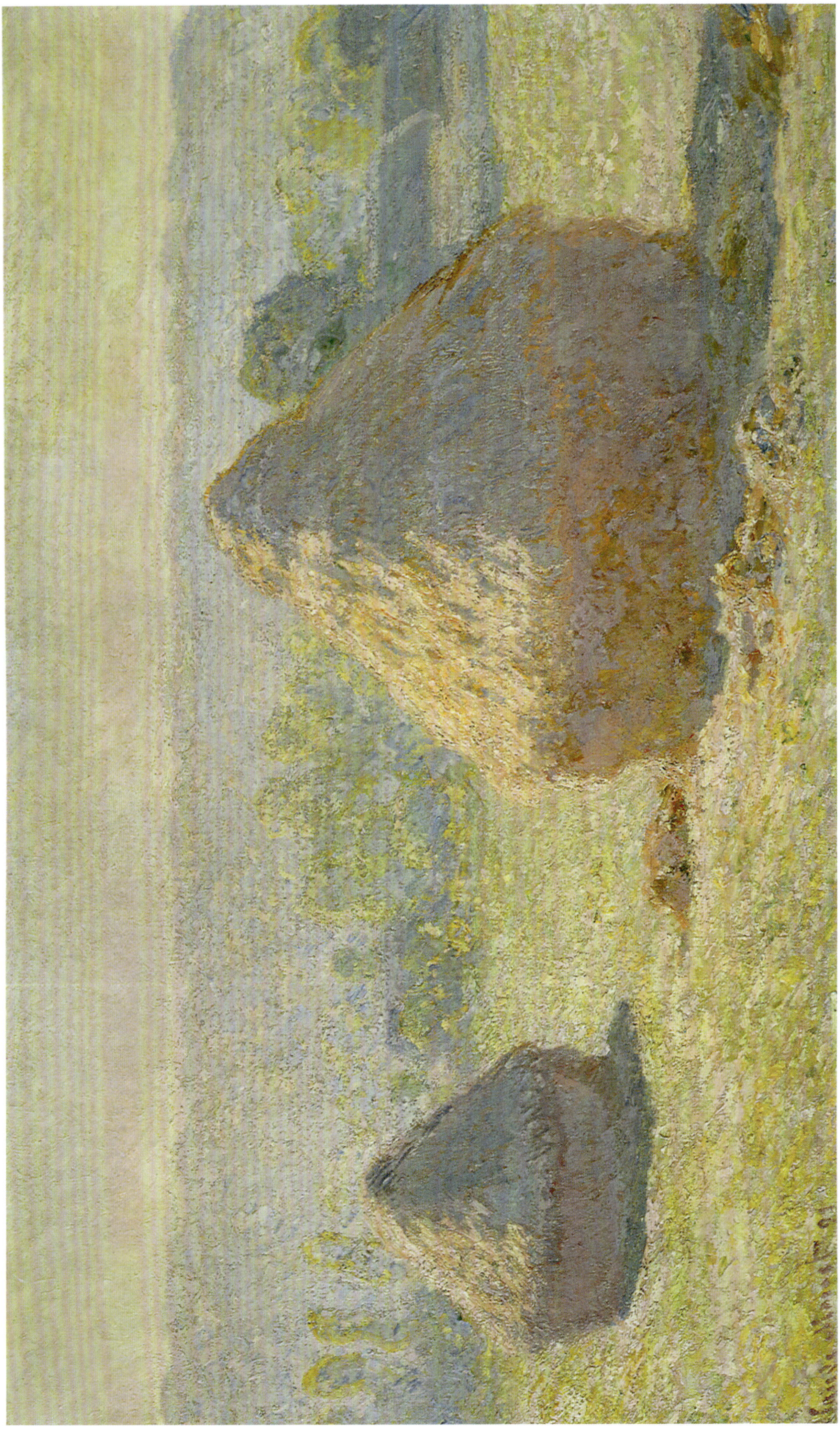

38 夕阳下的干草垛·霜冻天气
Haystack at Sunset, Frosty Weather

1891年绘；布面油画；65cm×92cm；私人收藏

1890年夏天，莫奈开始创作干草垛组画（见彩色图版37）。在这之后，得益于一股强势的寒流，莫奈在1890年12月和1891年1月回归了该题材，并绘制了一组雪中和霜冻的景象。由于当地景物的色彩已被白雪覆盖，在这些作品中，莫奈得以专注于描绘阳光、阴影和空气的斑斓色彩。如同《夕阳下的干草垛》(*Haystack at Sunset*)，莫奈会挑选最为短暂的自然效果，但在记录这些效果之外，莫奈还是想要创造出更加精致的作品的。眼前的自然景物都变得太快了，以至于莫奈无法在室外完成画作，于是他不得不满怀着矛盾心理回到画室中，抽空对一开始描画的瞬间效果进行润饰。《夕阳下的干草垛》是干草垛系列中色彩最为明艳的，画面的配色也极为精致，它很可能也是在画室中加工完成的，加工的部分包括一系列明艳多变的粉色、橙色和蓝色。如此一来，最后的成品更像是一个精美的即兴作品，而不是对自然效果的白描。《雪中的干草垛·早晨》(*Haystack, Snow Effect, Morning*)描画了同一个草垛，只不过是在一日中的不同时间创作的。

图38
雪中的干草垛·早晨

1891年绘；
布面油画；
65cm×92cm；
波士顿美术馆，由艾美·兰姆小姐和罗莎蒙德·兰姆小姐捐赠，以纪念霍雷肖·A.兰姆夫妇

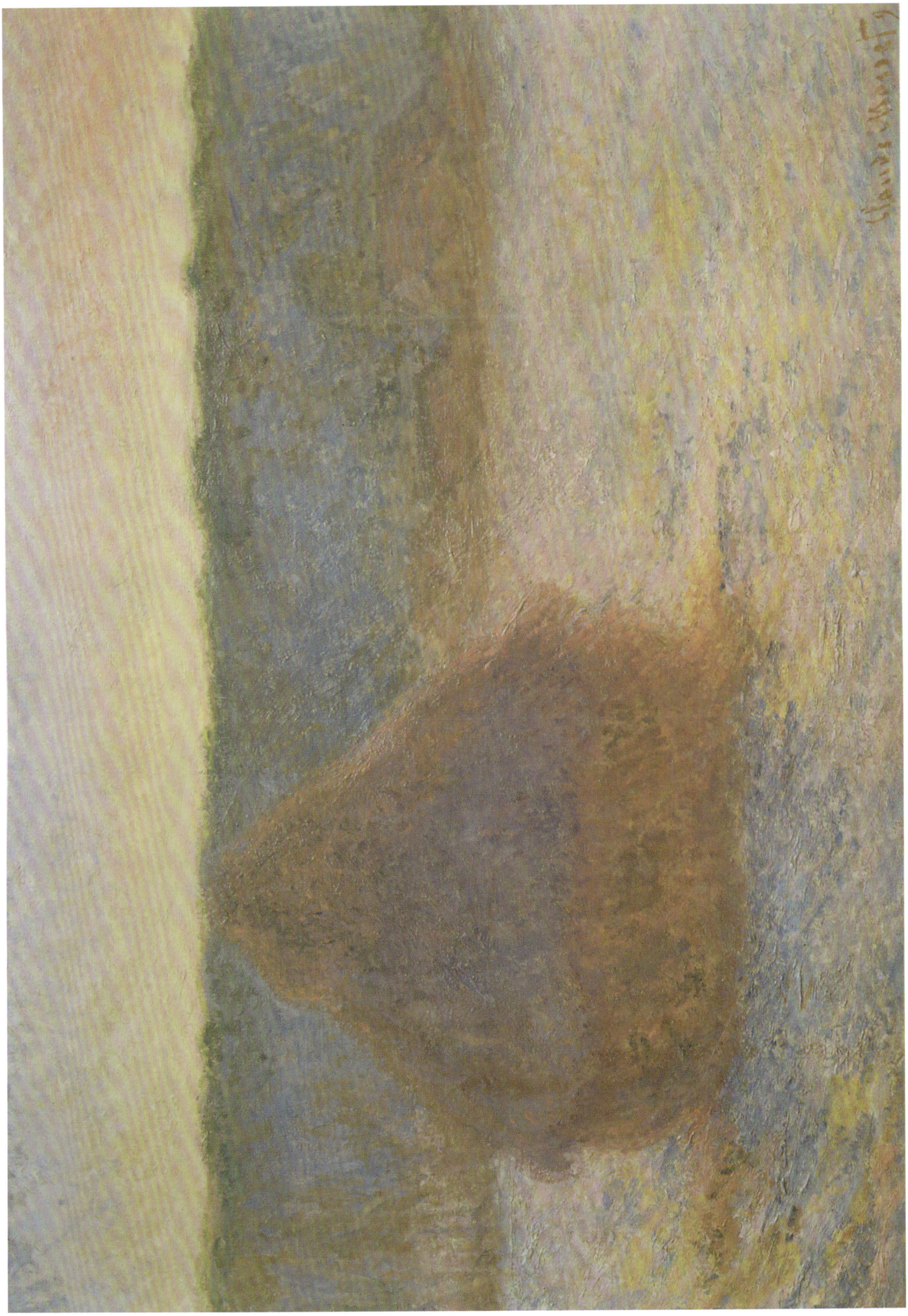

39　阳光下的干草垛
Haystack in Sunlight

1891年绘；布面油画；60cm×100cm；苏黎世市立美术馆，苏黎世

　　《阳光下的干草垛》（*Haystack in Sunlight*）很可能曾在1891年5月在迪朗-吕埃尔的画廊上展出过，一同展出的还有其余14幅《干草垛》，其中一定包含彩色图版37、38和图38。对于莫奈来说，这次展览从各个方面来说，都是一个崭新的开始，它标志着莫奈不再四处旅行，也标志着他不再对旅途中风景如画、引人注目的题材进行描绘，转而在开阔地带，对简单、巨大的干草垛进行描画。同样还是在这个展览中，莫奈画作组合的统一性达到了顶点，尽管展览中还是包含着一些其他题材的作品，但《干草垛》组画以一个表现同一主题但有着些许变化的完整序列呈现。展出的组画的色彩、光影效果各不相同，但它们整体的主题和构图方式都趋于一致，不同于莫奈以往展览图画中多样化的景观和情绪。

　　就构图而言，干草垛系列中的《阳光下的干草垛》，是一幅极具实验精神和十分抓人眼球的作品，它很可能是1896年至1897年间，瓦西里·康定斯基（Wassily Kandinsky）在莫斯科展览上看到的那幅。康定斯基并没有立即辨认出画中的干草垛，日后，他在《回忆录》里曾提及这一刻的茫然，呈现于他的是"令人惊叹的色彩之力量……超越了他所有的梦……不知不觉中，我反而很难相信干草垛就是画中不可或缺的元素"。

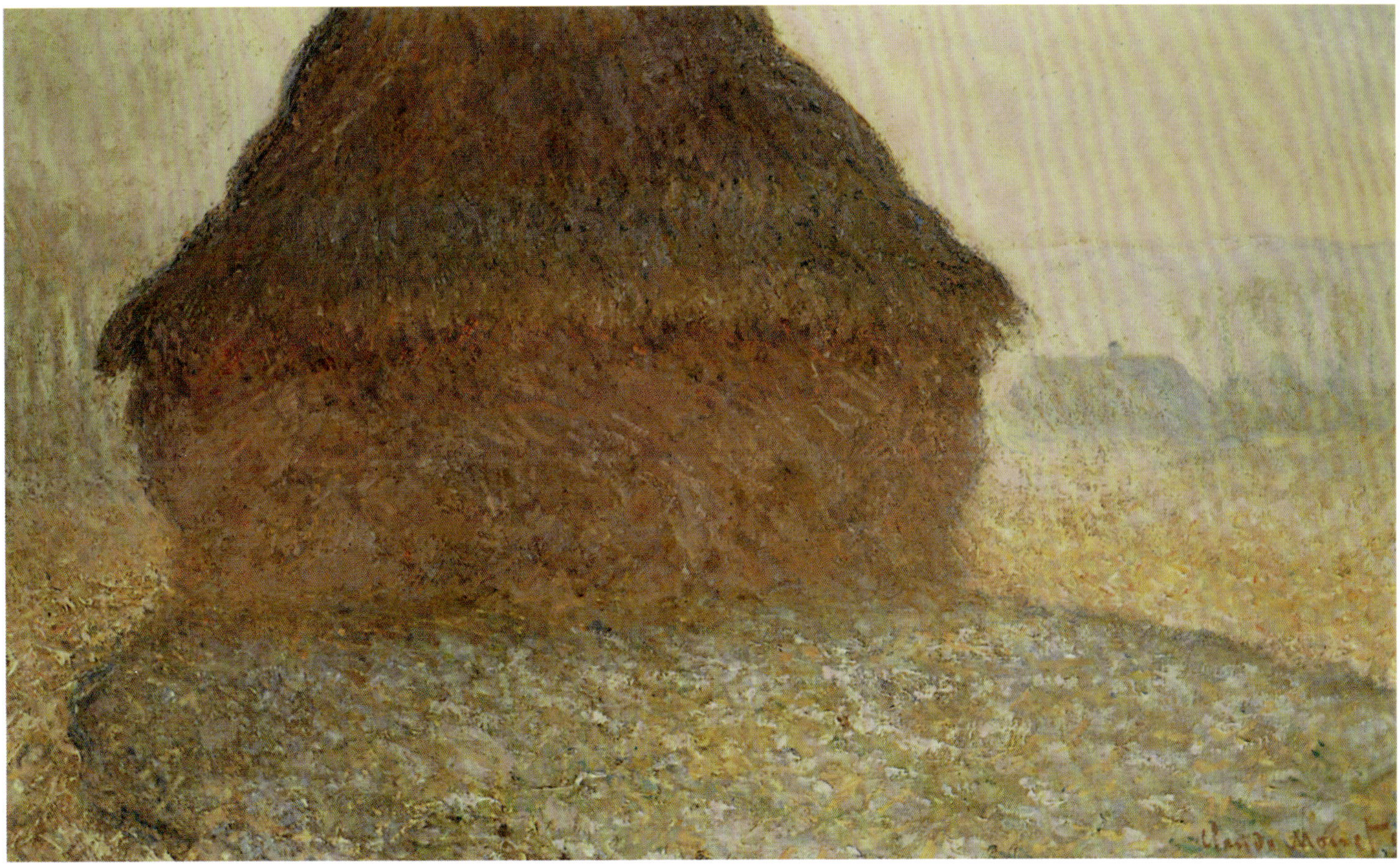

40　秋季的三棵白杨树
The Poplars, the Three Trees, Autumn

1891年绘；布面油画；92cm×73cm；费城艺术博物馆，切斯特·戴尔藏品，费城

　　1891年夏，莫奈发现，位于吉维尼附近艾普特河畔的一排白杨树要被砍掉了，于是他支付给这批木材购买者一笔钱款，从而为自己预留了足够的时间去描画这排白杨。直到1891年的秋天，莫奈都一直在白杨林间创作，其中15幅《白杨》都在1892年迪朗-吕埃尔的画廊上展出过，它们很可能经过了在画室中的润饰和完善。展览上没有除了白杨以外的其他图像，但和《干草垛》组画（彩色图版37、38、39）一样，莫奈是从不同的角度来绘制这些白杨树的。有时，莫奈是在较近的地方绘制近处的白杨，加上树在河中的倒影，一起组成了一组贯穿整幅油布的网格线，就像彩色图版40中一样；有时，例如彩色图版39，莫奈会将近处一排白杨的树冠也画上，画中曲曲折折的树木轮廓引导着视线由近及远。如若说《干草垛》组画表现了简单的团块，那么《白杨》则是由树干和树叶构成的金银丝线，但二者都将光影变化转变为缤纷的和谐色彩。

图39
艾普特河岸的白杨·日落

1891年绘；
布面油画；
100cm×65cm；
私人收藏

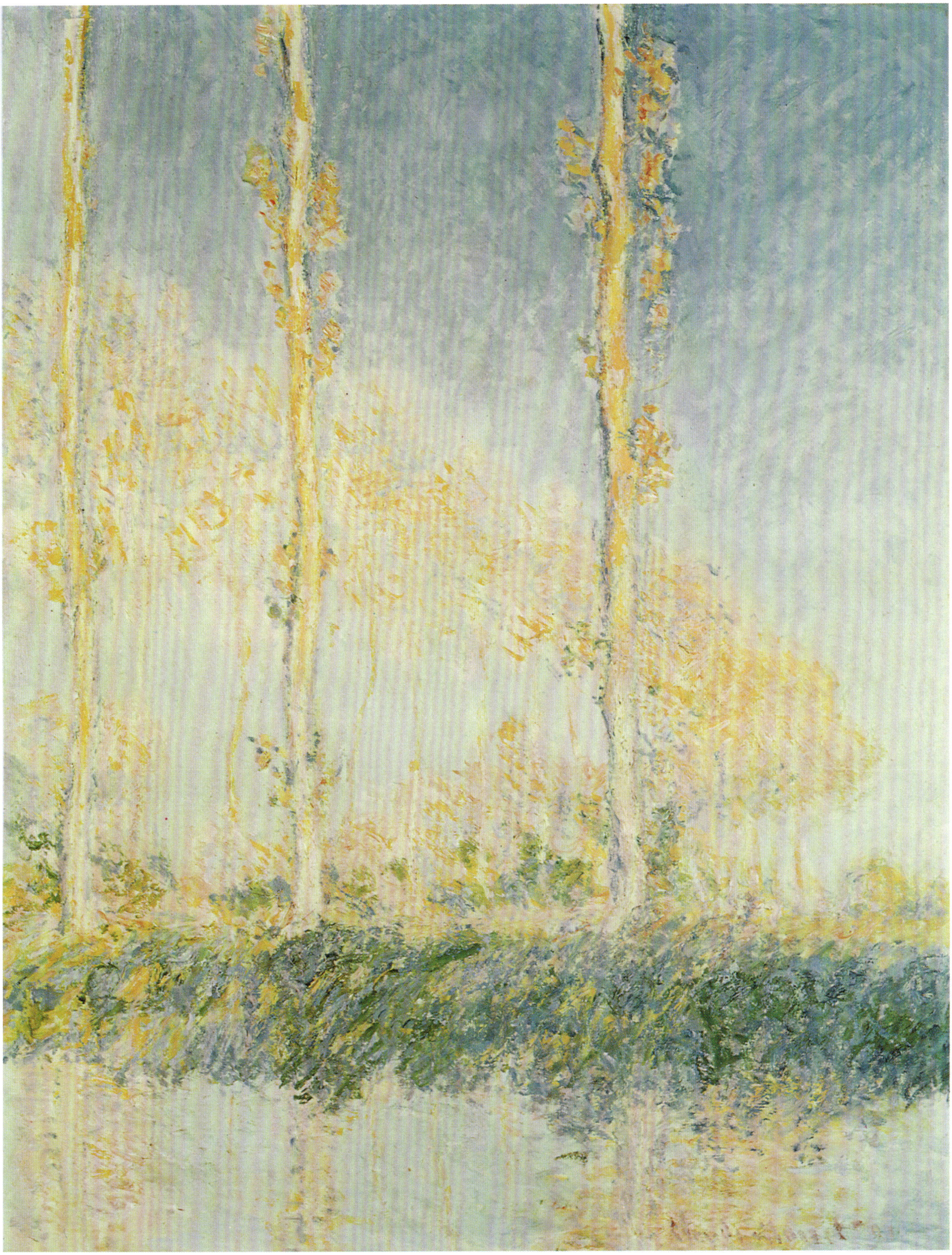

41　鲁昂大教堂·入口·清晨
Rouen Cathedral, the Portal, Morning Effect

1893—1894年绘；布面油画；100cm×65cm；弗柯望博物馆，埃森

  1895年5月，莫奈展出了共20幅的《鲁昂大教堂》组画，其中18幅描画了教堂的西侧立面（包括彩色图版41和图40）。1892年年初和1893年年初，莫奈曾两次进行长时间的创作，《鲁昂大教堂》组画就画于这期间，但它们离莫奈理想的状态还有很远的距离，因此还需要返回吉维尼的画室进行大量的加工。组画的大多数作品都有着厚重的油彩和硬壳一样的表面，恰巧说明了这一旷日持久的加工过程。

  大部分无色的大教堂石质外墙，是摆在莫奈面前的一个巨大挑战：它不能为画家提供出发点——也就是绚丽的自然色彩。1895年，莫奈告诉一名采访者：他并不想描绘事物本身，而是想要呈现隔在事物和他之间的光影氛围，《鲁昂大教堂》组画的主要焦点就是映射在静态的石质立面上的氛围变化。莫奈以教堂外墙作为一系列精妙色彩变化的载体，这些色彩变化反映了在不同角度照射在外墙上的光线，以及笼罩在外墙上的薄雾。

图40
阳光中的鲁昂大教堂·入口和左侧塔楼

1893—1894年绘；
布面油画；
107cm×73cm；
奥赛博物馆，巴黎

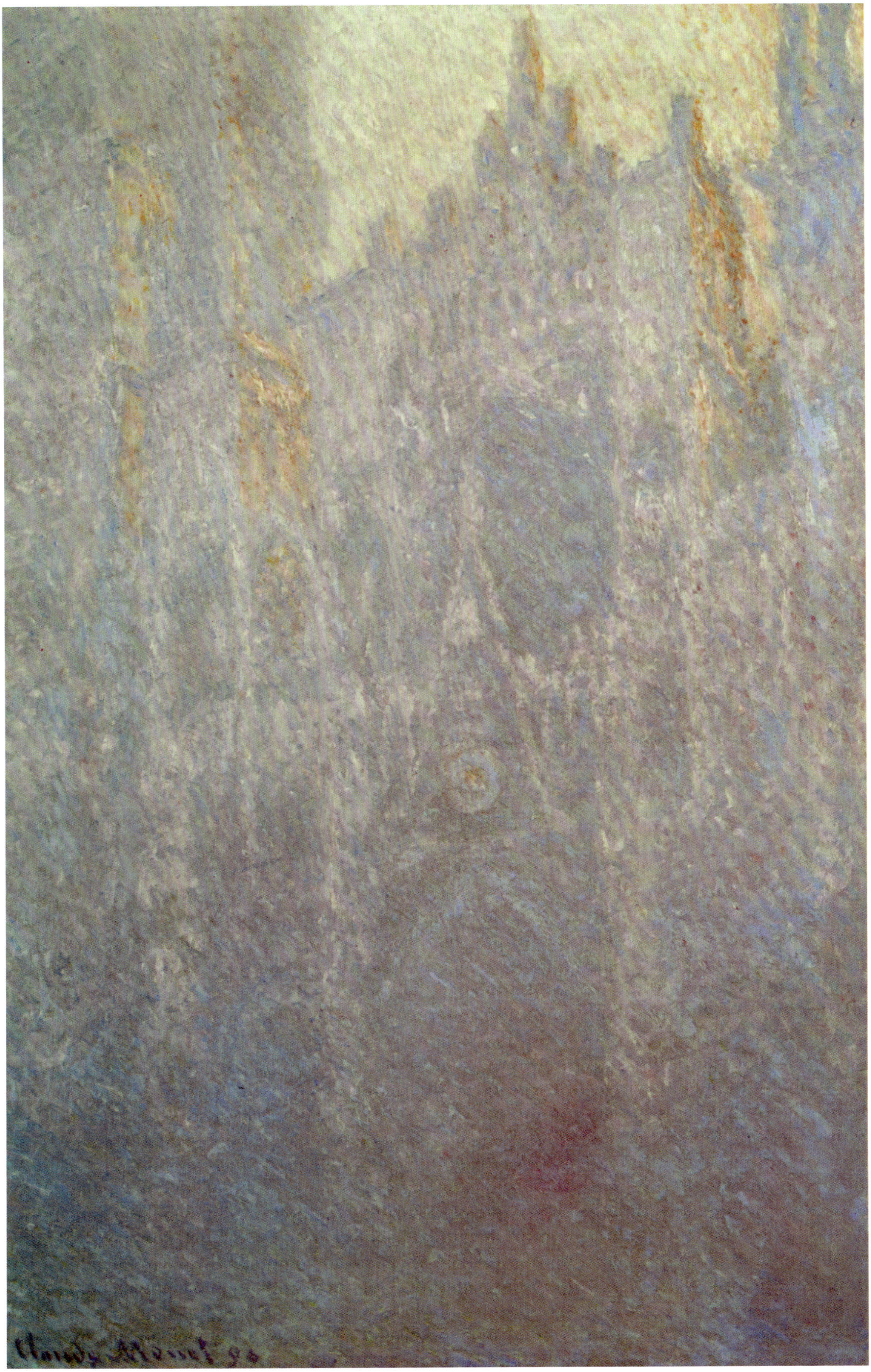

42

晨曦
Morning Mists

1897年绘；布面油画；89cm×92cm；私人收藏

  《晨曦》(*Morning Mists*)是一组名为《清晨》(*Early Mornings*)的组画中的一幅，这个系列曾在1898年的6月，在塞纳河畔的乔治斯·珀蒂画廊上展出。它们分别是在1896年和1897年的夏天由莫奈在室外创作的。莫奈之所以选择在黎明时刻描画这一题材，是因为他指出"这个题材比较简单且这时的光线也比其他时刻要单一一些"，这样一来，他就可以进一步地创作了。然而，即使在这个系列中，在画室中的加工很可能依旧扮演了极重要的角色——对配色的最终协调。

  在《晨曦》中，莫奈再度回归了他所喜爱的主题，也就是描绘隔江相对的景物（见彩色图版9、16、23）。画中，树和水中倒影近乎一比一的比例，比早期作品中的比例要来得更接近些，从而为画面中的物体形态施加了一种强烈的平面感。距离是通过最远处的以精妙、明亮色彩描绘的树木和天空来传递的。清晨弥漫着氤氲的光线，与柯罗的画面有着异曲同工之处。早期，印象派曾指摘柯罗在画室中完成作品的工作方法，但到了19世纪90年代后，莫奈却日益地热衷于柯罗笔下浑然一体的自然景观。特别是《晨曦》，它所传递的气息与柯罗绘于1864年的著名作品《孟特芳丹的回忆》(*Souvenir of Mortefontaine*，图41）如出一辙。

图41
让－巴蒂斯特·卡米耶·柯罗
（1796—1853年）：
孟特芳丹的回忆

1864年绘；
布面油画；
65cm×89cm；
奥赛博物馆，巴黎

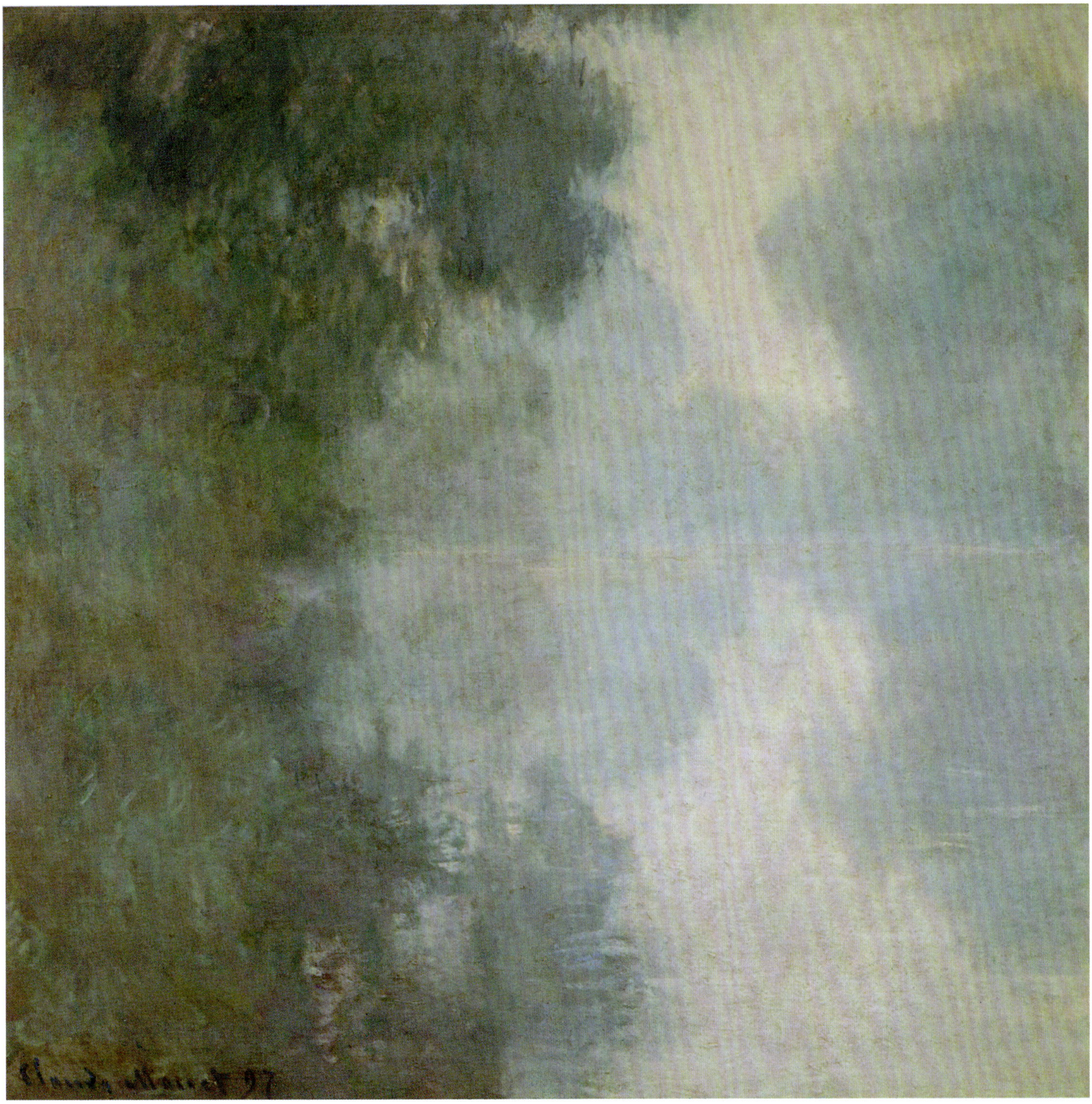
Claude Monet 97

43 睡莲池
The Lily Pond

1899年绘；布面油画；89cm×93cm；伦敦国家美术馆，伦敦

1893年，莫奈在其吉维尼的房屋附近买下了一大片临河的土地。在接下来的几年中，他逐步建造了一座精美的水上花园（见图11）。莫奈一向热衷园艺，在之前的家中，他也时常描绘花园。但直到这时，莫奈终于能够亲身打造一座水上花园了，从而为自己营造一个面面俱到的自然环境，一个长满了自己喜爱的花花草草的现成的户外题材。

花园是逐步建起来的。最初，莫奈说："我种莲花只是为了消遣，在种的时候，我并没有想要去画它们。一个景观并不会骤然地、全然地出现在眼前。但这之后，也就一瞬间，我发现了隐藏在我池塘中的奥秘。"彩色图版43和44属于《睡莲》系列中的最早的一批，大致绘于1899年和1900年的夏天，并在1900年年末展出。它们画出了池塘的本来模样——只能看到人行桥后20米的景色，它们的构图与日本歌川广重的《龟户天神境内》（图42）有着异曲同工之妙。此外，莫奈设计花园时所采用的基本原理——时不时地吸收、利用当地的自然资源，与日式传统花园建造者的理念不谋而合，而日式庭院本就是日本艺术创作的重要题材。

图42
歌川广重
（1796—1853年）：
木版画"名所江户百景"之《龟户天神境内》

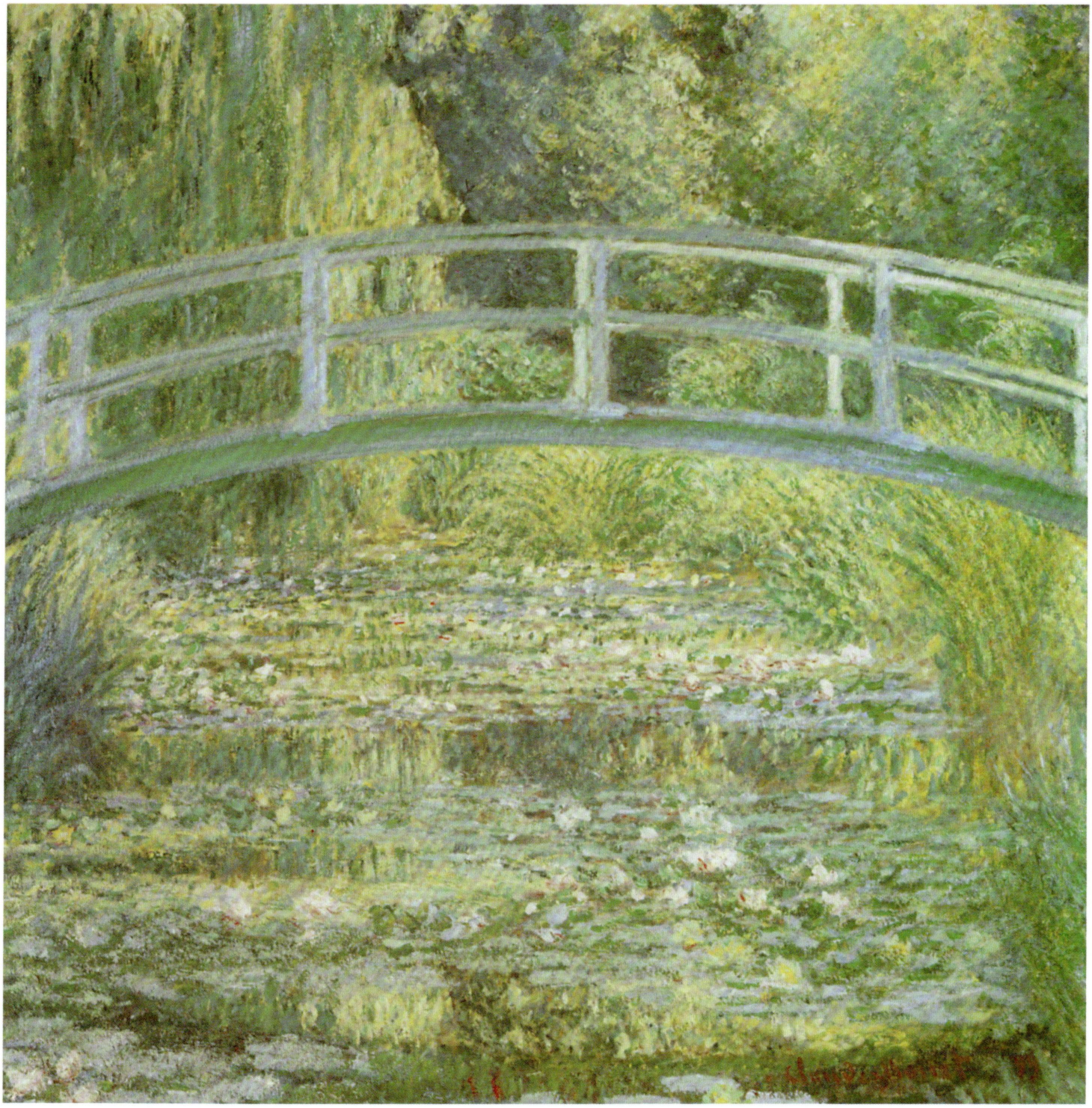

44

日本桥
The Japanese Footbridge

1899年绘；布面油画；89cm×93cm；费城艺术博物馆，费城

  《日本桥》（*The Japanese Footbridge*）和《睡莲池》（彩色图版43）都是1900年展出的12幅的《睡莲》组画中的作品，它们表明莫奈同一组画中的不同作品是可以如此的相似。无论是配色还是整体构图，二者都如出一辙，只有细部的光线和处理手法能体现出二者的差异。这个系列中的其他作品都有着更多的特点，但总体来说，它们都异曲同工。

  在完成第一组组画后，莫奈彻底地翻修了他的花园，他最终将池塘的长和宽拓展60米（图11）。要说第一次的建造工程是无心插柳的结果（彩色图版43），那第二次的拓宽则是为了创作脑海中的图景而有意为之。从1903年的夏天一直到1908年的夏天，莫奈一直在描画池塘。为了达到完美，他进行了漫长的反复修饰，直到1909年，才展出了48幅描画池塘的油画。在第二组《睡莲》组画中，头几幅还保留了一条位于宽阔的水面之上的水平细长的岸线，但1905年以降，莫奈不再画岸线，反而将整个画面都留给了水面、莲叶和倒影（见图43）。不断在水面上变化的光线、空气正是这一系列的主题。

图43
睡莲

1905年绘；
布面油画；
90cm×100cm；
波士顿美术馆，由爱德华·J.霍姆斯捐赠

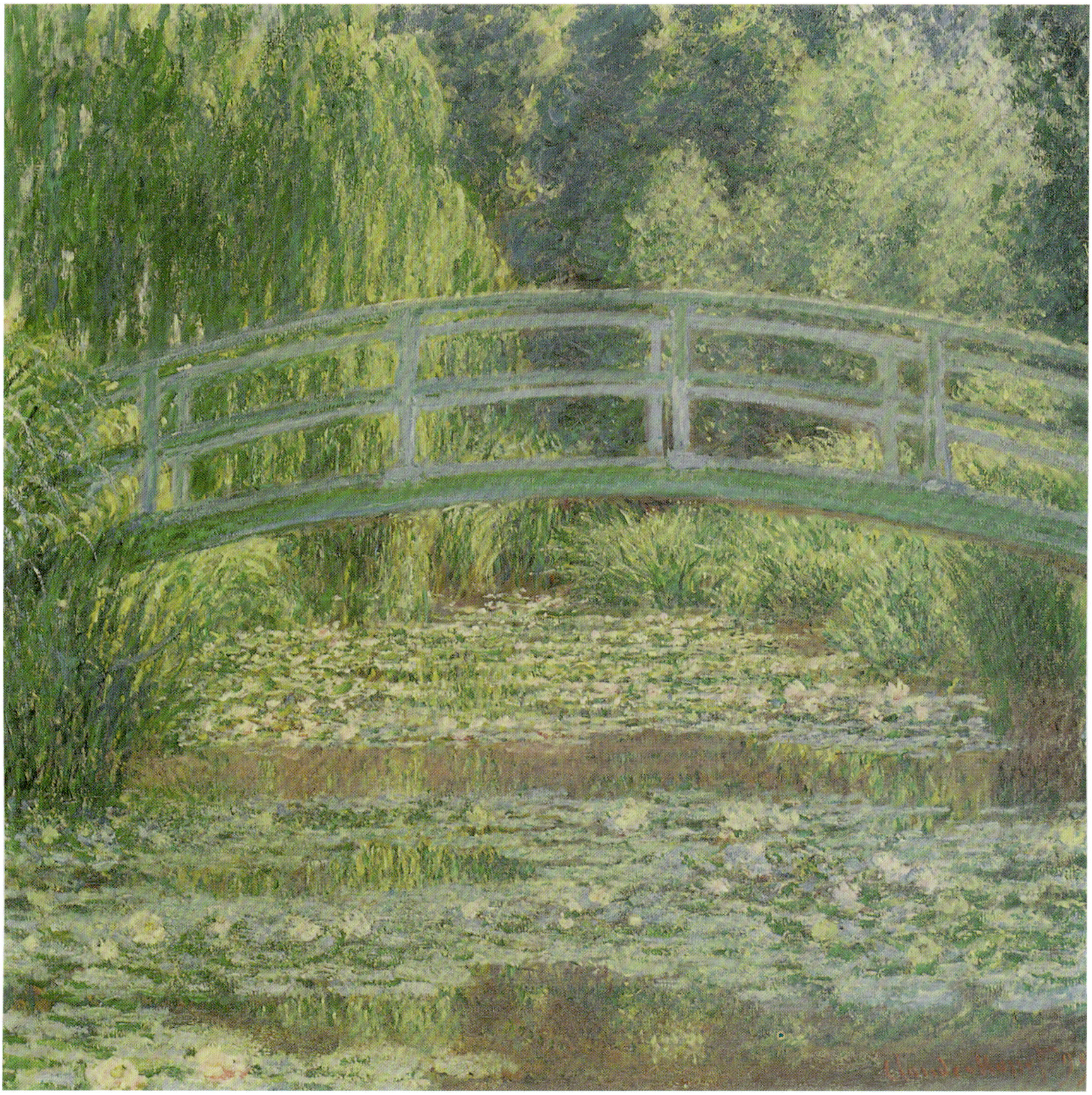

45 滑铁卢大桥
Waterloo Bridge

约 1900—1903 年绘；布面油画；65cm×100cm；卡耐基博物馆，匹兹堡

图 44
国会大厦

约 1901—1904 年绘；
布面油画；
81cm×92cm；
奥赛博物馆，巴黎

在 1899 年到 1901 年间，莫奈三次在冬天造访伦敦。在下榻的萨沃伊酒店（Savoy Hotel），站在能够俯瞰泰晤士河的房间阳台上，莫奈选择描画两个主题：一是向南远眺国会大厦，二是向东遥看滑铁卢大桥（Waterloo Bridge）——例如彩色图版 45。除此之外，他还画了第三个主题，也就是从圣托马斯医院向国会大厦远眺（见图 44）。在经过了数次延期后，莫奈终于在 1904 年举办了一个展览，包括 37 幅描画以上三个主题的作品，这 37 幅油画是从大量在伦敦完成的作品中遴选出来的。

对于莫奈来说，伦敦的雾霾以及它几乎伸手可触的气氛是这座城市最吸引他的地方。早在 1870 年至 1871 年间，他就画过伦敦的雾（见彩色图版 11），在之后的岁月中，他一直在计划再度前往伦敦创作，这或许是受到了与莫奈在 19 世纪 80 年代成为朋友的惠斯勒这样的画家的激励。通过创作《泰晤士河上的夜曲》（图 22），惠斯勒彻底改变了人们对于伦敦作为艺术主题的潜力的既定观念。到了 19 世纪 90 年代，在冬天雾霾笼罩下的伦敦图景已经成为司空见惯的艺术题材。然而，若从一个重要的方面——色彩的运用——来论，莫奈笔下的伦敦与同时代的画家大为不同，莫奈的雾霾弥漫着斑斓的、无穷变化的色彩组合，正如之前的组画一样（见彩色图版 38 和 41）。

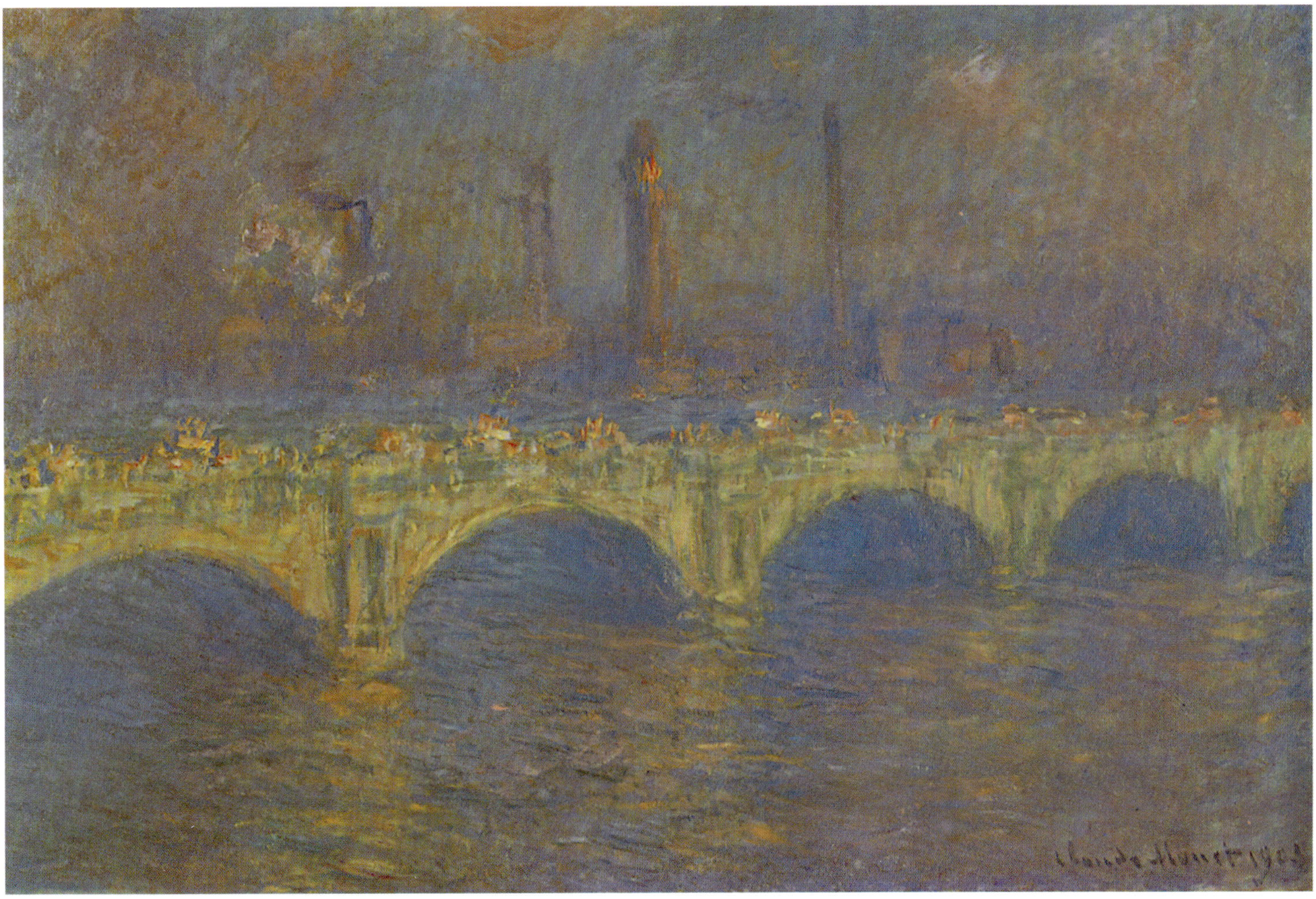

46 睡莲
Water-Lilies

约 1916—1922 年绘；布面油画；200cm×425cm；伦敦国家美术馆，伦敦

1916 年，莫奈开始以大画幅绘制他的水上花园（见彩色图版 43 和 44），画布小的高达两米，大的则高达六米，莫奈计划把它们挂在一个椭圆形房间内作为环绕四周的装饰。多年以来，莫奈一直想要把睡莲这个题材变为一个装饰设计，但直到 1914 年，莫奈的朋友政治家国会议员克列孟梭才说服他现在着手开启这个庞大的项目仍为时不晚。到了 1916 年，尽管战火连绵，但为此项目量身打造的巨型画室还是搭建起来了（见图 46）：从一开始，莫奈就清楚，要想制作出如此规模的作品，在室外绘画是行不通的，于是他就根据大体的记忆和小幅的室外作品，直接在新的画室中制作了整幅作品。

就作品放置在何处的问题，人们进行了长时间的讨论，最终在 1922 年，政府决定在巴黎橘园美术馆的底层建造两间椭圆展厅。在莫奈去世以后，这些作品终于妥善安置好了（见图 12），并在 1927 年对公众开放。除此之外，莫奈还创作了许多两米高的可以安置在橘园美术馆中的作品，它们在 20 世纪 50 年代被莫奈的儿子出售，由此流入了诸多欧洲和美洲的博物馆（例如彩色图版 46 和 47）。

图 45
睡莲

1919 年绘；
布面油画；
100cm×200cm；
私人收藏，巴黎

47

睡莲
Water-Lilies

约 1916—1922 年绘；布面油画；200cm×426cm；克利夫兰艺术博物馆，克利夫兰

和彩色图版 46 一样，这幅《睡莲》也高达两米，但它们同样都未能作为睡莲装饰长卷入选橘园美术馆。在构思构图时，莫奈尝试了多种油画组合方式，他想要制造出一个沿墙延绵的序列——就像橘园美术馆展厅中最长的一幅那种（见图 12 和 46）。彩色图版 47 被确认为一幅三联画中最左侧的部分，三联画现已解体，其余的两部分分别藏于圣路易斯博物馆和堪萨斯城博物馆，它们共同可以组成一个长达 13 米的长卷。

和橘园美术馆第一间展厅中的《睡莲》长卷一样，这幅三联画也只画了水面，周围的树叶并未入画。与此相反的是，在 1905—1908 年期间绘制的《睡莲》组画（见图 43）中，树叶是作为构图的延伸出现的。三联画的构图无一例外地被连绵不绝的、悠然漂浮着的片片莲叶所填充，与开阔水面倒影中千变万化的色彩、色调和纹理形成了反差。相比之下，在橘园美术馆的第二间展厅中，装饰长卷的画面四周全被曲折的树干、摇曳的垂柳所包围，从而使得画面更加紧凑（见图 12）。在一部分画幅较大的《睡莲》中，例如彩色图版 46 和 47，倒影是柔化的，没有清晰的轮廓。但在更加精致的版本中，特别是在橘园美术馆中的装饰长卷中，倒影里的树木、云彩都被描绘得十分清晰，这样一来，由视线扫过水面而带来的空间感就与倒影中的遥远空间——池塘上的枝丫和天空——形成了精妙的对照。

图 46
画室中的莫奈的照片

约摄于 1920 年；
莫奈正在绘制《睡莲装饰长卷》

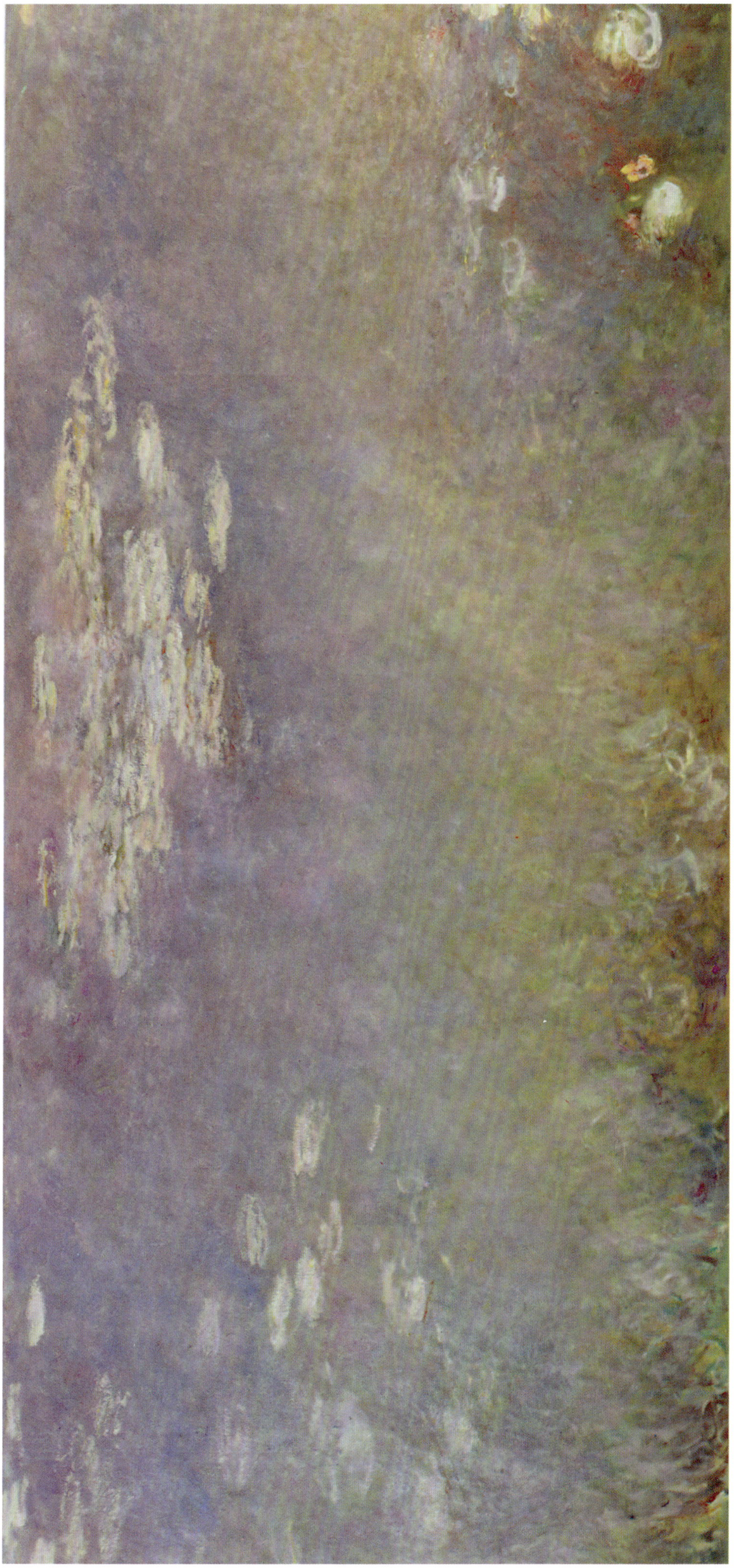

48 睡莲（局部）（彩色图版46）
Detail of 'Water-Lilies'

  在莫奈专注创作《睡莲》组画的岁月中，他不懈地对这些巨幅《睡莲》油画进行反复的修改（见彩色图版46和47）。包括巴黎橘园美术馆的《睡莲》在内的大多版本，都有着一层厚涂的、硬壳式的表面，侧面说明了莫奈的创作计划经历了多次的变更，他作画的初步设想也不断地被细化。即使在油彩没有那么厚重的作品中，例如彩色图版48的《睡莲》（局部），也有迹象表明，作品经过了改动：画中，在现有画面的柔和橙色和淡紫色之下，很明显有着一层以蓝色为主的油彩。

  这个局部的真实大小约为170cm×125cm，充分展现了莫奈晚期淋漓畅快的笔意。画面上的莲叶是以流畅、卷曲的笔触表现的，轻柔扫过而成的流动色彩，为横贯整幅作品的水面蒙上了一层绝妙的面纱，为厚涂的作品添加了又一层颜料。在装饰长卷中，莫奈成功地把原作中的笔法套用在了放大后的作品中，长卷组合中的每一笔，都保持着早先画架作品中的活力（特别要参照图36）。1866年，莫奈未能成功完成《草地上的午餐》的放大版（见彩色图版2），但半个世纪后，在记录最变幻莫测的、最极端的自然效果的过程中，莫奈积累了大量经验，才因此能够将其视野移植到放大的画布上，同时还不至于失去活力。

"彩色艺术经典图书馆"系列介绍

这是一套系统、专业地解读艺术，将全人类的艺术精华呈现在读者面前的丛书。

整套丛书共有 46 册，精选在艺术史中占据重要地位的 38 位艺术家及 8 大风格流派辑录而成，撰文者均为相关领域专家巨擘。在西方国家，该丛书被奉为"艺术教科书"，畅销 40 多年，为无数的艺术从业者和艺术爱好者整体、透彻地了解艺术发展，领悟艺术真谛提供了绝佳的途径。

丛书中每一册都有鞭辟入里的专业鉴赏文字，搭配大尺寸惊艳彩图，帮助读者深入探寻这些生而为艺的艺术大师们，或波澜壮阔，或戏剧传奇，或跌宕起伏，或困窘落寞的生命记忆，展现他们在缤纷各异的艺术生涯里的狂想、困惑、顿悟以及突破，重构一个超乎想象而又变化莫测的艺术世界。

无论是略读还是钻研艺术，本套丛书皆是你不可错过的选择，值得每个人拥有！

以下是"彩色艺术经典图书馆"丛书分册：

凡·高 威廉·乌德 著	**毕加索** 罗兰·彭罗斯 著	**勃鲁盖尔** 基思·罗伯茨 著	**浮世绘** 杰克·希利尔 著
马奈 约翰·理查森 著	**毕沙罗** 克里斯托弗·劳埃德 著	**莫奈** 约翰·豪斯 著	**康斯太勃尔** 约翰·桑德兰 著
马格利特 理查德·卡沃科雷西 著	**丢勒** 马丁·贝利 著	**莫迪里阿尼** 道格拉斯·霍尔 著	**维米尔** 马丁·贝利 著
戈雅 恩里克塔·哈里斯 著	**伦勃朗** 迈克尔·基特森 著	**荷尔拜因** 海伦·兰登 著	**超现实主义绘画** 西蒙·威尔逊 著
卡纳莱托 克里斯托弗·贝克 著	**克里姆特** 凯瑟琳·迪恩 著	**荷兰绘画** 克里斯托弗·布朗 著	**博纳尔** 朱利安·贝尔 著
卡拉瓦乔 蒂莫西-威尔逊·史密斯 著	**克利** 道格拉斯·霍尔 著	**夏尔丹** 加布里埃尔·诺顿 著	**惠斯勒** 弗朗西丝·斯波尔丁 著
印象主义 马克·鲍威尔-琼斯 著	**拉斐尔前派** 安德列·罗斯 著	**夏加尔** 吉尔·鲍伦斯基 著	**蒙克** 约翰·博尔顿·史密斯 著
立体主义 菲利普·库珀 著	**罗塞蒂** 大卫·罗杰斯 著	**恩斯特** 伊恩·特平 著	**雷诺阿** 威廉·冈特 著
西斯莱 理查德·肖恩 著	**图卢兹-劳特累克** 爱德华·露西-史密斯 著	**透纳** 威廉·冈特 著	**意大利文艺复兴绘画** 莎拉·埃利奥特 著
达·芬奇 派翠西亚·艾米森 著	**庚斯博罗** 尼古拉·卡林斯基 著	**高更** 艾伦·博尼斯 著	**塞尚** 凯瑟琳·迪恩 著
达利 克里斯托弗·马斯特斯 著	**波普艺术** 杰米·詹姆斯 著	**席勒** 克里斯托弗·肖特 著	**德加** 基思·罗伯茨 著

（按书名汉字笔画排列）